二見文庫

竜の神秘力99の謎

福知　怜　著

はじめに

近年、わたしたちのまわりでは「竜」が増えつづけている。竜の絵、竜や龍の文字、ドラゴンという言葉、竜のキャラクターなど、さまざまなところで竜が使われている。これは世界的に共通する傾向だ。ファンタジーや映画にも、竜は頻繁に登場している。

竜は世界の国々で語り継がれてきた。遠く離れた地でも、海の向こうの大陸でも、言葉や文化の違いを超えて、竜の物語は存在する。

物語としてだけでなく、竜は実在していた、という話も少なくない。

中国では、竜の肉を食べた、という話が残る。何頭もの竜を飼育していた、という古い記録もある。

バビロニア（いまのイラク）では、竜を神として神殿に棲まわせていたが、毒殺された、という話もある。

イングランドでは、少女が竜の赤ちゃんを拾い育てたが、凶暴になったために殺された、という有名な逸話がある。

フランスでは、男性の裸を見た竜が、恥ずかしがって逃げていったといわれる。

そして、日本でも、竜にウロコをもらって家宝にし、それを家紋にもした、という北条家の歴史が伝わる。

それらの話は、まるで竜が本当に生きていたような、現実味をともなう。

恐竜にしても、十九世紀に化石が発見されるまで、実在するとは思われていなかった。だから、竜だって実在したかもしれない、という説もある。竜は壮大なロマンを人びとに伝えつづけているのだ。

日本では、竜は身近な存在だ。神社やお寺に行けば、手を洗う手水舎では竜が水を噴き出している。竜は水神であり、竜の噴く水は清らかな御神水として、人の汚れを浄化してくれる。それは竜独特の神秘力だ。

そして、多くの竜は手に珠（ドラゴンボール）を持っている。この珠は「願いをかなえてくれる珠」だ。竜神は金運を上げ、縁を結び、名声を高め、家運を上げてくれるという。竜神信仰は昔から日本じゅうに根づいていたが、最近ではそれがブームにさえなっている。箱根は古くから竜神伝説のあるところだが、ここ数年は九頭竜神社が多くの人を集めている。願いをかなえ、パワーをくれるというのだ。

竜は不思議な力をもつと、世界の各地で伝えられてきた。不死身の力、悪魔の力、神の力など、その内容はバラエティ豊かだ。東洋では、竜は「自然の気」そのものだとする考え方もある。気の流れが〈竜脈〉と呼ばれ、山の竜脈は〈山竜〉、川の竜脈は〈水竜〉と呼ばれる。山と川の多い日本は、まさに竜の神秘力に満ちた国といえるのだ。

「竜の気」は「人の気」ともつながっている。人の心が乱れれば、気も乱れ、自然の均衡をくずす。それが災害を引き起こし、〈竜の怒り〉と呼ばれるのだ。

〈竜の時代〉が始まった、といわれる。竜の神秘力を求める人びとの心が、そこにはある。そして、人の心を映し出す竜の姿も、そこにある。竜は時代の象徴として、いま、動きだしているのだ。

二〇〇六年八月吉日

福知　怜

目次

第1章 世界で、日本で、〈竜の時代〉が始まった！

第2章　時代や人の心によって、竜はその姿を変えてきた

第3章　竜は古今東西、国と時代を超えて存在する！

第4章　世界の人々は昔から幻獣や恐竜を見ていた

第5章 人はなぜ、竜を怖れつづけてきたのか？

第6章 人はなぜ、竜を崇めつづけてきたのか？

第8章 竜神がもたらす幸運の中身とは？

99 人と竜、人の〈気〉と自然の〈気〉はつながっている！

第1章　世界で、日本で、〈竜の時代〉が始まった！

1 いま、世界じゅうで竜への関心が高まっている

二十世紀の後半から、竜がいろいろな場所で姿を現わしはじめた。欧米のファンタジー小説で、竜が主役や脇役で次々に登場するようになったのも、このころだ。世界じゅうで読まれることとなった『ゲド戦記』（アーシュラ・K・ル゠グウィン著／清水真砂子訳／岩波書店刊）が最初に発表されたのは、一九六八年のこと。最終的に全六巻になったこの物語では、竜が最初から最後まで重要な役割を果たす。

さらに一九八四年（一九八五年日本公開）には、『ネバーエンディング・ストーリー』が映画化され、〈幸せの白い竜〉が大画面に現われる。真珠色の竜ファルコン（小説ではフッフール）が、主人公を乗せて自在に空を飛びまわったのだ。

その二年後には、日本でもゲームの『ドラゴンクエスト』が爆発的なヒットを記録し、多くの人が、画面のなかで悪役の竜と戦った。その後、『ドラゴンクエスト』がシリーズ化されてゆくにつれ、竜の性格もどんどん変わり、悪役の名はすっかり返上されている。

そして、二〇〇一年にはアニメ映画『千と千尋の神隠し』で、白い竜〈ハク〉が人気を集めた。この映画は日本以外の多くの国でも観客を動員し、東洋の竜の姿が世界に広く知

られるきっかけとなった。

そうした一連の流れ以降、ドラゴンや竜（龍）の文字がさまざまなところに使われるようになっている。キャラクターとしても描かれ、ポスターやTシャツ、グッズなどで、その姿を目にすることも多い。これは日本のみならず、東洋西洋の多くの国で見られる傾向だ。店名や商品名にも、ドラゴンや竜の文字が増えている。

なぜ、人々は竜を求め、もてはやすのだろうか。

そこには、いまの時代を生きる人々の心が、映し出されているはずだ。それは、どのような心なのだろうか。

2　多くの人々が集まる箱根〈九頭竜神社〉の神秘力とは？

神奈川県箱根の山には、海抜七百数十メートルの高さに青い水をたたえた芦ノ湖がある。その写真に必ず写るのが、湖面の赤い鳥居だ。これは芦ノ湖畔に鎮座する箱根神社の〈平和鳥居〉だ。

その箱根神社にはゆかりの神社が多数あるが、そのなかのひとつに〈九頭竜神社〉がある。数年前から、その九頭竜神社に数多くの参拝者が集《つど》う、という現象が起きている。

九頭竜神社に祀《まつ》られている竜神は、はるか昔から芦ノ湖に棲んでいる竜だ。くわしい話は第8章に譲るが、この竜は力が強大だった。なにしろ頭が九つもついている竜である。

竜にはいろいろな種類がいて、まず、色に違いがある。青竜、白竜、金竜、赤竜、緑竜など、身体の色が異なるのだが、「色」が特別な意味をもつ、というわけではない。むしろ大きな違いを示すのは「頭の数」だ。頭はひとつのものから、三つ、五つ、七つ、八つ、九つというバリエーションがある。頭の数はそのまま「力の強さ」を示すものとされ、神としての位も高いといわれる。

九頭竜が九頭竜大明神として祀られることになったのは、奈良時代の天平宝字元年（七五七）のことだ。萬巻上人《まんがんしょうにん》と呼ばれる行者が、神社を建立《こんりゅう》することを決めたのである。

夏でも肌寒い元箱根の里には、住む人も多くはなかったが、「竜神を祀る社殿を建立する」という話を聞くと、誰もが手伝いを買って出た。寒さが厳しくなる季節にも労を惜しまず、湖を見渡すほとりの地に、小さな社殿を造りあげたのだった。この九頭竜神社の鎮座は、いまから千二百年以上も昔のことだ。

神社の場所は、元箱根よりも湖尻と呼ばれる町に近い。木々がうっそうと繁るなかで、おまけに近代になって、神社の建つ場所は私有地となり、歩いて神社まで行くのが難しく

芦ノ湖と平和鳥居。鳥居の下から箱根神社まで、道が続いている

なった（二〇〇六年から通年通行可能になった）。参拝に訪れる人は、船で最寄りの桟橋まで行くことが多かった。その船も、普段は少し離れた場所にしか着かない。そこからしばらく歩くしかなかった。

しかし、参拝者が増えるにつれて、特別な参拝船が出るようになった。それは九頭竜神社の例祭である毎月十三日に、出航する。朝九時半という時間にもかかわらず、三百人ほどの人々が、大型船に乗りこんでゆく。六月の大例祭には、それが八百人近い人数にふくれあがる。

それぞれの人が願いごとを胸に秘めて、神社の前に集まるのだ。九頭竜大明神には強いパワー（霊力）がある——と信じられているためだ。

3 「これからは竜の時代」という予言が意味するもの

九頭竜神社を管理し、神事を催行するのは、箱根神社の濱田進宮司だ。濱田宮司は『竜神物語』（箱根神社社務所発行／日正社刊）という著書も著しており、そのなかで九頭竜神社の歴史を記している。

現在は箱根神社の境内にも九頭竜神社の新宮があるのだが、その経緯もくわしい。九頭竜神社の参拝者が増えつづけるのを見て、ちょうど辰（竜）年であった平成十二年に、より多くの人が参拝しやすいように、交通の便利な箱根神社の境内に九頭竜神社の新宮を建立したというものだ。

九頭竜神社への信仰が高まったことについて、濱田宮司はこう語る。

「実は、ある占い師が三十年くらい前からいってたんです。これからは竜神の時代だから、竜神を祀るといい、と」

濱田宮司にはぴんとこず、あえて行動を起こすことはしなかったという。

しかし、そのうちに九頭竜神社本宮に参拝する人が増えはじめた。そのなかには芸能人やスポーツ選手なども含まれるようになっていた。

では、彼らは何を願っているのか。

九頭竜神社の代表的な御利益は、縁結びと金運だ。竜は財宝をもたらす、出世を助けてくれる、と昔からいわれている。会社員であれば地位の向上、経営者であれば事業の隆盛がそれだ。芸能人であれば売れっ子になること、スポーツ選手であれば活躍することにつながる。そして、その結果、金運も上がる。

縁結びのほうは、弁財天とのかかわりがうかがわれる。弁財天はもともと、インドでサラスバティーと呼ばれていた、川の女神だ。水を司る水神という点が、竜神と共通している。

そのためか、竜神と弁財天は縁が深く、多くの神社仏閣でともに祀られている。九頭竜神社本宮の前にも、弁財天の祠が鎮座している。竜神にも弁財天にも縁結びの力はあるが、両者がそろえばさらに強まる、という図式だ。

もっとも、縁結びといっても、男女の縁だけとは限らない。九頭竜神社の信者である男性はいう。

「仕事だって、人と人との縁から成り立つわけです。恋愛だけでなく、いろいろな〝いい縁〟を結んでくれるんですよ」

また、弁財天は必ず琵琶を抱いている姿からわかるように、音楽や技芸の神様だ。芸能の神として、信仰する人は多い。

九頭竜神社本宮への参拝者は増えつづけたが、場所が不便で時間もかかる。より参拝しやすいようにと、元箱根の町から近い箱根神社の境内に新宮が建立された。新宮への参拝者も増えつづけ、箱根神社は多くの人でにぎわう。

「これも竜神様のお力」

と、濱田宮司は語った。

4 九頭竜信仰が生んだ数々の不思議

九頭竜神社の参拝者は、関東近県の人々だけではない。名古屋や大阪などから、泊まりがけでやってくる人も珍しくない。ほぼ全国から人が訪れている。ではなぜ、それほど広く知られるようになったのか。

竜神の時代を予言した占い師は、多くの相談者から信頼を受けている人物だった。相談者のなかには、芸能プロデューサーもいた。竜神の時代になることを感じ取っていた占い師は、九頭竜神社への参拝を勧めた。芸能プロデューサーはそれを受け、自分だけでなく、

九頭竜神社本宮に掲げられた竜神の姿

仕事でかかわっている歌手やタレントなどにも勧めたらしい。その縁で、芸能人が多く訪れるようになった、ということだった。

そのなかでも、特に九頭竜神社が世に広まるきっかけになったのは、若手演歌歌手のH・Kさんだった。彼が参拝していることを、ファンの女性たちが知り、同じように参拝するようになったのである。

H・Kさんは、その後またたく間に売れっ子になり、有名人になった。

「お忙しいようで、最近はあまりみえませんが……」

そういって濱田宮司は微笑む。

そうした経緯が雑誌などで紹介され、九頭竜神社は知られるようになった。さらにその話を聞いて参拝した人が、「願いごとがかなった」と口コミで広める。

そうして数年のうちに、〈願いごとがかなう竜神様〉として世間に広まっていったのである。

日本を代表する女性柔道家の通称Yさんも、結婚を願って、九頭竜神社に参拝したという。すると、その後、夫となる男性との出会いが生まれ、結婚に結びついた。オリンピックに出場する前にもやはり参拝し、その結果は金メダル獲得であった。

こうした事例が多くの人に知られ、箱根の竜神の知名度は、神秘の力を信じる人々のあいだに浸透していった。竜神の力が高まっている証《あか》し、という人もいる。これも〈竜の時代〉のうねりのひとつなのかもしれない。

5　二十世紀後半から欧米でも高まっている、竜への関心

竜の人気は欧米でも高まっている。竜はもともとヨーロッパの歴史のなかで、長く語り継がれてきた存在だ。

しかし、ヨーロッパにおける竜は、人を襲い、脅かす「敵」としての生き物だった。「ニーベルンゲンの歌」で知られるジークフリートの物語（第2章で詳説）でも、竜は英雄の敵として、退治されている。

さらに描かれる姿も、恐ろしい怪物や悪魔のイメージだ。巨大な身体は恐竜に似ていて、空を飛ぶための翼はコウモリの羽とそっくりだ。

ヨーロッパでは、コウモリは悪魔や悪い魔法使いの仲間だと考えられている。洞窟の闇に棲《す》んでいることや夜に飛びまわることに加え、黒い身体や翼がまがまがしい印象を与えるからだろう。そのため、竜を描くときに、コウモリの翼が選ばれたにちがいない。

歴史が始まって以来、ヨーロッパにおける竜のそうしたイメージは、ほとんど変わることがなかった。

それが変わりはじめたのは、やはり二十世紀の後半ごろからだ。『ゲド戦記』における竜は、姿は典型的なものだが、その性質がそれまでとは異なった。これは欧米における竜のイメージを、大きく変えるきっかけになったといっても過言ではない。

その後、竜のタイプは多様化し、善良な竜や、かわいらしい竜などが書かれるようになった。

イギリスでは二〇〇三年に出版された『竜の棲む家』（クリス・ダレーシー著／三辺律子訳／竹書房刊）が人気を博し、シリーズ化されている。これは、かわいい竜やお茶目な竜など、さまざまな性格の竜たちが出てくる話だ。

同じころにアメリカでも、竜を題材にしたファンタジーが発表された。賢明な竜と心をかよわせることのできる人々〈ドラゴンライダー〉の物語だ。

竜とともに邪悪な人々と戦うファンタジーは『エラゴン――意志を継ぐもの――ドラゴンライダーシリーズ1』（クリストファー・パオリーニ著／大嶌双恵訳／ソニーマガジンズ刊）として出版され、全米の売り上げで『ハリーポッター』を抜いた。映画化が決定し、日本でもすでにシリーズ第二巻が翻訳出版されており、世界三十数カ国での翻訳も契約されている。悪役だった竜のイメージが、世界規模で変わりつつあるのだ。

6　ベストセラー『ゲド戦記』の竜は人間の敵か味方か？

ゲド戦記の竜は、ヨーロッパの典型的な竜とどう違うのだろうか。

『ゲド戦記』は、アースシーという架空の世界を舞台にしたファンタジーだ。アースシーは多くの島々からなる多島海世界で、主人公はゴント島という島で山羊飼いの家に生まれ、ハイタカという呼び名で育てられる。ハイタカは幼いころに魔法の才能があることを周囲から認められ、魔法使いオジオンに預けられた。

オジオンはハイタカに真《まこと》の名〈ゲド〉を与える。魔法は真の名を知らなければかけることができない。人にも石や生き物にも、すべて真の名があり、魔法使いはその真の名をつきとめることで、魔法を可能にする。

だから人間どうしでは、真の名は秘密に等しく、ごく限られた身近な人以外には、けっして明かさないのが常だった。

やがて少年になったゲドは、ローク島の魔法学院に入学することを決めた。

魔法の能力にすぐれたゲドは、周囲から認められるが、領主の息子からやっかみも受ける。反発と慢心にかられたゲドは、やってはいけない死者の魂を呼び出す魔法を使ってしまう。死者の魂は、影の存在だ。その影は暴走し、戦ったゲドは顔に大きな傷跡を残すこととなった。そして、ひとつの影がゲドから離れなくなったのだ。

ゲドが戦いの傷から回復したころ、「西の海域に竜が現われたので、なんとかしてほしい」という話が学院に持ちこまれた。

竜は昔その地域を破壊し、いまでは廃墟になった島に暮らしている。それが人の暮らす島に飛んでくるようになり、人々は再び破壊されるのではないかと怯えていた。ゲドは竜に会うために西へゆく。

竜の息子たちを倒し、ゲドは年老いた竜と話をすることになった。

竜は「太古の言葉」と呼ばれる言語を話す。人間では魔法使いや賢者しかその言葉を話すことができない。ゲドは太古の言葉を使って竜と話し、二度と人間の領域に姿を現わさない、という約束をさせた。竜と話をしたことによって、ゲドは「竜王」と呼ばれることになったのである。

この展開は『ゲド戦記』の第一巻『影との戦い』前半の話だ。竜は全身がウロコに覆われ、恐竜のような身体にコウモリ型の翼がついた、典型的なヨーロッパタイプだ。そして人を襲い、財宝を奪い、村を破壊する。人間にとって恐ろしい敵として描かれている。それが変わってゆくのは、第三巻からだ。

7　『ゲド戦記』の主人公ゲドはなぜ、大賢人として竜に乗れたのか？

竜との交渉を成立させたゲドではあったが、身にまとわりつく「影」には怯えたままだった。が、それから逃げるのではなく、追ってみろという忠告に従い、ゲドは長い旅に出る。影の正体を見極め、影の真の名をつきとめなければならない。

ゲドはやがて、学院で友人だった男のもとを訪れ、事情を打ち明ける。友人はともに旅をすることになり、ふたりは最果ての地へとたどり着く。影ははっきりとその姿を現わし、ゲドと向かい合った。ゲドにはその正体が見え、真の名がわかった。影もこちらを見て唇をふるわす。

「ゲド」

影とゲドは同時に声をあげた。ゲドは影を抱きしめ、ゲドと影はひとつに溶け合った。影はゲド自身の心の闇だったのである。己の闇を見つめ、影とひとつになったゲドは、成長してローク島に戻っていった。

ここまでが『ゲド戦記』の第一巻で、第二巻では、割れた腕輪の片方を探す、という冒険がテーマになる。

割れた腕輪というのは、かつて世界の王が后《きさき》に贈ったもので、平和のシンボルともいえるものだった。それがふたつに割れて失われてしまったために、世の中には長いあいだ混乱が続いていたのだ。王のあとを継ぐ者もとだえ、玉座は空いたままだった。

この腕輪の片割れは、第一巻の旅の途中でゲドが偶然、手に入れていた。もうひとつの片割れを手に入れて腕輪を完全な形に戻すことが、ゲドの目的だった。

腕輪は〈アチュアンの墓所〉の地下深くに隠されており、そこには大巫女の座に着く少女テナーがいた。闇の迷路でゲドは苦難に襲われるが、ゲドに心惹かれたテナーに助けられ、ついに腕輪の片方を手に入れる。魔法の力で腕輪を元に戻すと、ゲドとテナーはそれを平和の塔へと運んだ。

目的を果たしたゲドはローク島に戻り、大巫女の座を捨てた少女テナーは、ゲドを育てた魔法使いオジオンに預けられた。

ここで第二巻が終わり、第三巻では、ゲドは中年になり、魔法学院の最高位〈大賢人〉として登場する。

そしてその彼のもとに、かつての世界の王の血を引く小国の王子アレンがやってくる。世界の均衡が乱れ、社会や人々が混乱しはじめたことから、大賢人に相談に来たのだ。ゲドはアレンに王の器を感じ取り、ともに旅に出ること提案する。

世界の均衡が崩れた原因は、わからない。それを探りながら、ふたりは最果ての海に向かって旅を続ける。さまざまな困難に遭遇するうち、アレンは己の弱さ、心の闇と直面する。旅は自分自身との戦いでもあった。

やがて最果ての地に行き着き、そこに棲む竜たちと対面する。竜たちさえも均衡を崩され、危機感を感じていた。助けを求める竜と言葉をかわし、原因をつきとめたゲドとアレンは、死の国へと降りてゆく。

世界の均衡が乱れたのは、闇の心をもつ魔法使いが、この世と死の国との境を破ったために起きたことだった。

ゲドは持てる力のすべてを使い果たし、魔法使いを倒して死の国との境をふさぐ。目的を果たしたふたりは、竜の背に乗り、元の世界へと戻っていった。アレンには世界の王の座に着く未来が、待っていた。

ここまでが第三巻の物語だ。ゲドとアレンを運んできた竜は、再び最果ての地へと帰っていった。

8 かつて「ひとつだった人と竜」がなぜ、分かれたのか？

力を使い果たし、魔法を使うこともできなくなったゲドは、生まれ故郷のゴント島に戻る。テナーは結婚して農園の主婦になっていたが、夫はすで亡くなっていた。魔法使いオジオンも、ゲドが帰り着く直前にテナーに看取られて死亡した。

ゲドはオジオンの家でテナーに世話されながら、静かな暮らしを始める。

テナーはやがて家を出て、養女にした少女テハヌーといっしょにゲドと暮らすこととなった。テハヌーは親と悪い男たちからひどい暴行を受け、火に投げこまれて顔の半分が焼けた少女だった。心にも身体にも傷を負ったこの少女をテナーが助け、引き取ったのだ。

心を閉ざしたテハヌーだったが、ときおり、不思議な力を見せた。実は、この少女には大きな秘密があった。テハヌーは竜の言葉が話せたのである。

第四巻と第五巻で、テハヌーの秘密が明かされ、竜と人との謎も解明される。再び世界の均衡が乱れ、竜を助けに呼んだのである。竜はそこで太古からの歴史を語る。

かつて人と竜はおなじ生き物だった。しかし、やがて「欲望をもつ者」と「自由を愛する者」とに分かれていった。はるか昔に、富や力を欲する者たちは「人」となり、野生と自由を選んだ者たちは「竜」となったというのだ。

竜の長老はいう。

「だが、我々のなかにはつねに人間たちの持つ富への羨望があり、人間のなかにはつねに我々の持つ自由への羨望があった。それゆえ邪なるものは、これまでも我々のなかにたびたび入りこんできた。我々がふたたび、永遠に自由になることを選ばなければ、それはこれからもまた我々のなかに入りこんでくるだろう。（……後略）」（『ゲド戦記Ｖ　アースシーの風』より）

竜は自らの選択を誇り、人間から遠く離れるために、最果ての海へと帰っていった。『ゲド戦記』では、最初から最後まで竜が物語の横糸として重要な役割を果たす。その根底にあるのが「人と竜はひとつだった」というテーマだ。

人は財力や権力を求めて大地に暮らすことを選び、自由を望んだ竜は海と空を選んだ。が、たがいをうらやむ気持ちから、対立が起こることもある。『ゲド戦記』のひとつのテーマが「己の闇との戦い」だとすれば、もうひとつのテーマがこの世界観と人間観だろう。

この物語のなかでは、竜は悪の象徴ではない。人の生き方の葛藤や、揺れ動く心の弱さを映し出しているといっていい。竜はまさに人そのものなのだ。

9 「人と竜は同じ」という話は日本にもあった！

竜と人が同じ姿をもつ、という話は荒唐無稽に感じるが、実はこうした話はオリエントや中米、中国、日本などのいろいろな国に伝えられている。竜が人に変身したり、人が竜に変身したりするのだ。

日本には竜神信仰があり、海や川、湖や沼など、水のあるところには竜神が棲む、と考えられてきた。水のなかに棲む竜神は、水底の竜宮で暮らすといわれる。

竜宮には水中に暮らす生き物はもちろん、竜神の家族もいることになっている。その竜神の息子や娘は、人の姿をしている場合があるのだ。昔、肥後の国（現在の熊本県）では、竜神の息子をもらった、という話があった。

ひとりのお爺さんが、日々、山から薪を集め、町で売って暮らしていた。ある日、薪がまったく売れずに、うなだれてとぼとぼと町を歩いていた。背負った薪は重いままで、疲れがたまるばかりだ。

ちょうどさしかかったのは、川だった。橋の上から流れる水を覗きこむと、お爺さんは薪を一本一本、川へ投げ入れた。竜神への捧げものにしたのだ。

全部の薪を投げ終わると、お爺さんは手を合わせ、竜神を拝んだ。そしてその場を立ち去ろうとすると、水のなかから美しい女性が小さな男の子を抱いて浮かびあがってきた。

「竜神様が薪のお礼にこの子を差しあげるといっています」

その子供は〈はなたれ小僧〉という呼び名だという。そして、毎日三度、エビのなますを作ってお供えするように、とつけ加えた。

お爺さんは、はなたれ小僧を家に連れて帰ると、神棚の横に場所をしつらえ、大切に育てた。お爺さんがほしい物をいうと、小僧は鼻をかむような音をならす。と、たちまち願った物が現われるのだ。次々にいろいろな物を出してもらって、お爺さんはまたたく間に大金持ちになった。

すると、だんだんほしい物がなくなる。おまけに日に三度、エビのなますを作るのも面倒くさい。お爺さんはついに小僧にいった。

「もうお願いもなくなりましたんで、どうぞ竜宮へお帰りください」

小僧は黙って出ていったが、すぐに外から鼻をすする音が聞こえてきた。音がするたびに、ひとつずつ物が消えてゆく。豪華な家はみるみるみすぼらしくなり、あっという間に元のあばら家に姿を変えた。

お爺さんは慌てて外へ出て小僧を引き戻そうとしたが、はなたれ小僧の姿はすでに消えていた。

同様の話は他の地域にもあり、竜宮まで行って小僧を受け取るという展開もある。また、竜神から美しい娘をもらうという話も多い。竜と結婚して人の子供を産む、という話も種類が豊富だ。人の姿から竜に戻ってしまう内容もある。

日本人にとっても、竜が人とひとつだった時代があるのだ。

第2章　時代や人の心によって、竜はその姿を変えてきた

10 英雄ジークフリートと竜の戦いの意外な結末

ヨーロッパには竜を退治する話が数多くある。そのなかでも最も有名なものが、ゲルマン民族に語り継がれた一大叙事詩「ニーベルンゲンの歌」のなかの一幕だ。

ニーベルンゲンの物語の主人公は、ジークフリートという青年だ。ジークフリートは勇敢で力も強く、武力に勝っていたが、運には恵まれていなかった。父は王だったが、死亡し、王妃の母はデンマーク王と再婚したため、ジークフリートには富や権力を継ぐ権利が認められていなかったのだ。そんなジークフリートの心の隙をつき、だまして竜退治に担ぎ出した男がいた。小人のレギンだ。

「竜を倒して英雄になれば、きっとあなたにも王子としての権利が与えられる」

そういって、そそのかしたのだ。

もともとはレギンの父親も一国の王であり、レギンはあとを継ぐべき長男だった。だが、弟のファーブニルが、富を独り占めしようと、父王を殺害。金銀財宝を奪ったのである。だが、殺された父王は死の直前、怒りと恨みを呪いとしてその財宝に残していた。

財宝を手にしたファーブニルは、呪いも同時に手にすることとなる。加えて己の邪悪な心のせいで、月日とともに人の姿を失っていったのである。ウロコに覆われた長い身体、トカゲのような手足、という恐ろしい竜になっていたのだ。

レギンはファーブニルを倒し、財宝を取り戻したいと願っていた。それに竜を倒せば、ほかにもいいことがある。ジークフリートは、竜を倒したあとに殺してしまえばいい。そうたくらんでいた。

竜の洞窟にたどり着き、ジークフリートは竜と死闘をくりひろげる。全身を覆うウロコには剣の刃も立たないが、やわらかい腹は急所だった。剣が腹部に突き刺さり、ジークフリートは竜の血を浴びた。

「竜から心臓を取り出せ」

レギンがいう。それを焼いて食べるのが習慣なのだと説明する。ジークフリートはいわれるままに心臓を火であぶり、焼けぐあいを確かめるために、指でつついて血をなめてみた。すると、それまで頭上で鳴いていた小鳥の声が、いきなり言葉として耳に飛びこんできた。

小鳥たちは、レギンがジークフリートを殺すつもりでいることを話していた。竜の心臓を食べると、神秘の力が身につき、動物の言葉も理解できるようになるのだった。レギンはその力をも手に入れようとしていたのである。

レギンのたくらみを知ったジークフリートは、剣を振りあげてレギンを倒した。そして、竜の守っていた財宝を手に入れ、国へと戻ったのである。が、そのとき、財宝にかけられていた呪いもいっしょに手にしていたことは、ジークフリートには知るよしもなかった。

竜退治のあとのジークフリートには不思議な力が身につき、さらに不死身の身体になっていた。竜の血を浴びると、皮膚が堅くなり、剣も刺さらない不死身の身体になれるのだ。しかし、ただひとつ、小さな急所があった。血を浴びたとき、肩の肩胛骨のあたりに、菩提樹の葉がのっており、そこだけは血を浴びることがなかったのだ。その小さな一部分だけが、生身の身体だった。ジークフリートはその後、英雄として名を馳せるが、呪いのせいか、周囲には敵も多かった。そして、小さな急所のことを知った戦いの相手に剣を突き立てられ、命を落とすのである。

この「ニーベルンゲンの歌」は、十世紀から十三世紀ごろに物語としてまとめられたと考えられている。話は長大で、細部の設定や展開などに、いくつもの異なる話がある。しかし、「ドラゴン退治」は重要なエピソードとして、はずせないものだ。

語られるファーブニルは、「長い身体で財宝を抱えている」などの描写から、大きなトカゲのようなイメージが浮かびあがる。

翼はなく、空は飛ばない。中世ヨーロッパの物語には、この長い身体のトカゲ、もしくは蛇のような竜がよく出てくる。竜のひとつのタイプとして、広く浸透していたらしい。財宝を奪う、守る、洞窟に棲む、凶暴など、竜特有のスタイルもできあがっている。

これらが、ヨーロッパにおける竜の原型になったのである。

11 名作ファンタジー『指輪物語』に隠された竜の秘密

欧米のファンタジーに登場する竜は、ほとんどが典型的なヨーロッパ・タイプだ。『ゲド戦記』と並ぶファンタジーの傑作といわれる『指輪物語』にも、やはりこうした竜の話が秘められている。

『指輪物語』の竜は、どのようなものか。映画『ロード・オブ・ザ・リング』のなかでは、シリーズ三作めに竜と思える生き物が空を飛ぶ。身体は真っ黒で、大きな翼をはばたかせ、その背には邪悪な幽鬼が乗っている。その姿は恐ろしい竜に見える。

だが、実はそれは竜ではない。原作の小説では、〈怪鳥〉と記されている。邪悪な冥王がとらえ、おぞましい肉で育てた鳥、という説明だ。

竜は『指輪物語』の前の話『ホビットの冒険』に登場する。主人公のホビットたちが行なう冒険には、竜退治が含まれていたのだ。

ホビットは、作者のトールキンが作り出した小人族だ。もともとヨーロッパの伝説には、ドワーフという小人が頻繁に登場する。「白雪姫」を助ける七人の小人のイメージだ。『ホビットの冒険』では、ホビット族のビルボ・バギンズが主人公で、そこに魔法使いのガンダルフが訪れる。ガンダルフは十三人のドワーフを呼び寄せ、ビルボを冒険へと旅立たせるのだ。

ことの起こりは、その冒険から遡ること百七十年前。ドワーフの王国を竜が襲ったことから始まった。竜は巨大な翼をはばたかせ、炎を巻きあげながら、町を襲撃したのだ。人々は殺され、王国の財宝も奪われた。竜は財宝の上を寝床にすると、そのまま居座ったのである。ドワーフたちは、その財宝を取り戻そう、と立ち上がった。そして、魔法使いガンダルフに見こまれたビルボも、同行することになったのである。

途中、みんなからはぐれたビルボはトンネルのなかに迷いこむ。その暗闇のなかで、偶然に手に触れた指輪を拾う。それは指にはめると、姿を消すことができる不思議な指輪だった。指輪の前の持ち主であったオーク鬼のゴクリに呪いの言葉を投げられながらも、ビルボはその指輪を持ち去った。

トンネルから脱出し、仲間と合流したビルボは、旅を続け、竜の棲み家にたどり着く。

ウロコに覆われた赤金色の身体に、とぐろを巻く長いしっぽ、コウモリのような翼、四本の手足。身体の下や周囲には、無数の金銀財宝が散らばっていた。この竜は人の言葉をしゃべることができるが、陰険でずる賢く、良心はいっさい持ち合わせていなかった。

ビルボとドワーフはこの竜と戦う。空を飛び、火を吹く竜にビルボたちは苦戦するが、ウロコのない腹部に、矢の刺さりそうな急所を見つける。ねらいを定めると見事に矢は命中し、竜は火を吹きながら絶命したのだった。

目的を果たした一行は、竜の守っていた財宝を持ち帰り、それぞれの国へと帰っていった。ビルボは豊かな財宝だけでなく、トンネルで拾った指輪もひそかに持ち帰っていた。そのことを知るのは、魔法使いのガンダルフだけだった。

豊かな生活をしながらも独身を通したビルボは、親戚のなかでいちばんのお気に入りだったフロドを養子にした。そしてすべてを彼に託し、帰るあてのない旅に出る。

指輪を受け継いだフロドは、そこにこめられた恐ろしい力を知る。そして、指輪を消滅させるための旅に出るのだ。それが『指輪物語』となる。

ビルボの行なった竜退治は、ジークフリートの竜退治と非常によく似ている。竜の姿や性質も、ヨーロッパの竜の典型的なものだ。

ヨーロッパの竜は、だいたい設定が似ている。第一話が映画化されたファンタジー小説

『ナルニア国物語』（C・S・ルイス著／瀬田貞二訳／岩波書店刊）にも、やはり同じような竜が出てくる。第三話の『朝びらき丸東の海へ』で主人公たちは海へ漕ぎ出し、いろいろな島に着く。その島のひとつに竜が棲んでいたのだが、その竜の巣は洞窟で、金銀財宝であふれかえっていた。

竜は財宝が大好きで、それを人から奪い、独占する。そして、人を襲う。

ヨーロッパに伝わる竜の姿は、あくまでも邪《よこしま》な存在だ。ヨーロッパの竜は、いつからこんなにも邪悪なものとして扱われるようになったのだろうか。

12 『新約聖書』が語る、悪魔の化身としての〈赤い竜〉

ヨーロッパの竜の歴史に最も大きな影響を与えたのは〈赤い竜〉だ。それは『新約聖書』のなかの一節で、〈太陽を着た女〉が子供を産もうとしているときに、現われる。

〔見よ、大きな、赤い竜がいた。それには七つの頭があり、頭には七つの冠をかぶっている。その尾は天の星の三分の一を掃き寄せ、地に投げ落とした。竜は子を産もうとしている女の前に立ち、生まれたなら、その子を食い尽くそうと待ちかまえていた。〕（「ヨハネの黙示録・第十二章」)

〈太陽を着た女〉は聖母マリアのことであり、産もうとしている子供はイエス・キリストを指している。赤い竜は、イエスを殺そうとする邪悪な存在だった。

この話のなかでは、イエスは生まれるとすぐに神のもとに引き上げられて救出される。マリアも荒野へ逃げ、神の用意してくれた場所に隠れる。赤い竜は、イエス殺害に失敗したのである。

赤い竜は元いた天に戻るが、そこで天使との戦いが始まる。大天使ミカエルとその〈御使いたち〉が、竜を倒そうと立ち上がったのだ。そして、竜は天使ミカエルに敗北する。

〔この巨大な竜、すなわち悪魔とかサタンとか呼ばれ、全世界を惑わす年を経た蛇は、地に投げ落とされ、その使いたちも、もろもろに投げ落とされた〕(同前)

神の正義が勝利を収めたのだ。

興味深いのは、「竜は悪魔でありサタンである」と記されていることだ。また、竜は蛇とも書き換えられている。頭が七つあるものの、翼があるとは書かれていない。身体は蛇に近いイメージだったらしいが、天から地上に落とされたあとに〔海の砂の上に立った〕という記述があるから、足はあったらしい。そして、〔しゃべった〕とも書かれている。

この赤い竜は、キリスト教が広まるにつれて、ヨーロッパの各地に浸透していった。そ

悪魔の赤い竜を倒す大天使ミカエル。竜の姿ははっきりと描かれていない

して、竜のイメージの原型を作りあげたのである。

中世になり、キリスト教関連の絵画が隆盛を誇ると、赤い竜も絵に描かれる機会が増えた。が、その姿は翼のついた恐竜タイプやトカゲタイプが多く、蛇のイメージとは遠い。その姿が主流になって、いまでも赤い竜は、翼のある恐竜のようなイメージで描かれることが多い。

13 生け贄を求める竜とキリスト教聖人との戦い

キリスト教が広まると、同時に竜も各地に広まった。北アフリカの地にすら、竜との戦いが起きたのである。

それは北アフリカのリビアにあったシレナという町でのできごとだ（舞台がイスラエルとされる話もある）。シレナには広い湿地帯があり、そこの沼には竜が棲んでいた。竜は町に姿を現わしては、有毒の息をまき散らし、作物を枯らし、人や生き物を窒息させた。

困りはてた人々は、竜に一日に羊二頭を差し出すことを条件に、町を荒らすことをやめてもらう。しかし、羊はやがて一匹もいなくなり、生《い》け贄《にえ》は子供に変わることになった。

毎日子供ひとりを、各家から差し出す。それは王家も例外ではなかった。やがて王女が生け贄になる番がまわってきた。

王はなんとか引き延ばそうとするが、すでに自分たちの子供を失った町の人々はそれを許さない。王女は沼へと連れてこられ、杭にしばりつけられた。しばらくすれば竜が現われ、恐ろしい口が開かれるはずだ。

と、そこへ馬に乗った騎士がやってきた。胸には白地に赤い十字の印をつけている。

「危ないから逃げてください」

そううながす王女から、騎士は事情を聞き出した。

騎士の名はゲオルギウス。カッパドキア（現在のトルコ中部）に生まれ、ローマ軍の兵士になったものの、イエスの教えに触れ、キリスト教徒に改宗した。そのため、キリスト教を弾圧するローマ軍を離れ、旅に出たのである。イエスの教えを広め、あらゆる悪魔や邪悪なものと戦う、という誓いを立てての旅だった。

ゲオルギウスは王女を解き放ち、竜と戦った。魔力をもつ竜は手強かったが、ゲオルギウスは槍を突き刺し、その身体を倒す。竜を生きたまま町へと連れ帰ることにしたのだ。

町の人々は生きた竜を見て怯えるが、ゲオルギウスはいった。

「みんながキリスト教に改宗するならば、この竜を殺してあげよう」

頷く人々に答えて、ゲオルギウスは竜を殺した。約束どおり、町の人々と王の一族はキリスト教徒となったのである。ゲオルギウスはそれを見て、また旅立っていった。

ゲオルギウスはその後、ローマ皇帝にキリスト教を捨てるように迫られ、拷問されるが、拒否しつづけて死ぬ。信仰のために命を落としたことから、聖人として、聖ゲオルギウスと呼ばれるようになった。西暦三〇三年のことだ。

聖ゲオルギウスはキリスト教の英雄といわれるようになり、ヨーロッパじゅうにその名が広まった。スペイン語ではサン（聖）・ジョルディ、フランス語ではサン・ジョルジュと呼ばれ、英語では聖ジョージと名を変えた。イングランドでは十四世紀に国の守護聖人として定め、白地に赤い十字を国旗にするようになった。スペインのカタルーニャ地方でも、サン・ジョルディは守護聖人だ。

ちなみに殉教した四月二十三日は記念日としてヨーロッパ各地で祭りとなる。日本でもこの日は、親しい人に本を贈る「サン・ジョルディの日」として知られる。これはかつてカタルーニャ地方が他国の侵略を受けたとき、母国語を捨てまいとする人々が、この日に本を贈り合った、という逸話から生まれたものだ。

聖ゲオルギウスの逸話では、竜は水に棲んでいることになっている。長く渦巻く尾をもっていて、身体は黄緑色のウロコに覆われている。そして翼をもち、空を飛ぶともいわれる。

ゲオルギウスが竜と戦ったのは三世紀という設定だが、物語がまとめられたのはもっとあとのことだと考えられている。竜の姿は初期の蛇タイプと、中世のトカゲタイプがまじりあったようなイメージだ。竜の姿やイメージが、徐々にできあがってゆく過程を見ることができる話だ。

14 『ハリー・ポッター』の竜が恐ろしく描かれる理由

〈赤い竜〉から始まった「竜」のイメージは、キリスト教の台頭とともにヨーロッパじゅうに広がり、浸透していった。中世には、竜の姿や性質は、ほぼ定まったといっていい。

恐竜のようにどっしりしたタイプ、トカゲのようにほっそりしたタイプ、色や顔つきの違いなどはあっても、コウモリのような翼、ワニのような顔は、ほぼ定番となった。邪悪で恐ろしい怪物、というイメージがすっかり固定したのである。

それは、そのまま現代にも受け継がれている。

イギリス生まれのファンタジー『ハリー・ポッター』（J・K・ローリング著／松岡佑子

訳／静山社刊）でも、やはり竜は凶悪な存在だ。竜は厳しい管理下におかれ、一般飼育は禁じられている。

第一巻『ハリー・ポッターと賢者の石』には、森に暮らすハグリットが賭けでもらった竜の卵を、こっそり飼育する場面がある。卵はふ化し、生まれた竜の赤ちゃんはみるみる大きくなって、ハリーたちを怯えさせる。見つかることを恐れ、ルーマニアに引き取ってもらってことなきを得るが、鼻からはすでに煙が吹き出て、火花が飛ぶほどになっていた。

この竜は、ノルウェー・リッジバック種ということになっている。ハリーたちは、竜はほかにもいて、ウェールズ・グリーン普通種やヘブリディーズ諸島ブラック種などの竜が人知れず生きていることを話したりもしている。

さらに第三巻の『ハリー・ポッターと炎のゴブレット』では、竜と戦う競技が開催される。ハリーを含め、選ばれた四人の生徒がそれぞれ種類の異なる竜と戦うのだ。

一頭はウェールズ・グリーン普通種で、イギリスのウェールズ地方に生息する緑色の竜。もう一頭はスウェーデン短鼻種。身体は銀青色で、鼻から吹き出す炎も青いというもの。

そしてハリーと対決することになったのは、ハンガリー・ホーンテイル種で、危険度が最も高いといわれるもの。黒いウロコに覆われていて、炎の威力が強く、人さえも食べる、という竜だ。

残り一頭は、チャイニーズ・ファイアーボールという唯一の東洋種だ。全身は深紅のウロコで、顔のまわりは棘のような金色の房毛で覆われているという独特な姿。攻撃的で哺乳類ならなんでも食べるという貪欲さを見せ、特に豚と人間が大好物、ということになっている。

これらの内容は、ハリーが教科書として使っているという設定の『幻の動物とその生息地』(同前) に記されている。したがって、これらの竜はすべて作者のJ・K・ローリングの創作によるものだ。根底にあるのは、ヨーロッパの竜伝説にほかならない。『ハリー・ポッター』のなかの竜は、ヨーロッパの典型的な怪物だ。それだけでなく、中国の竜まで同じような怪物として書かれている。竜は凶暴で邪悪な生き物。そのイメージは、二千年の歴史の上に、強く定着しているのである。

15 ヨーロッパには「悪い竜」しかいないのか?

古くから伝わる「聖書の竜」も「伝説の竜」も、そして現代にいたる「ファンタジーの竜」も、ヨーロッパの竜は邪悪で恐ろしいものばかりだ。ヨーロッパの竜は、すべて凶悪

2頭の竜が向かい合うスペイン人フェノロサ家の家紋。フェノロサは南米大陸を征服したため、デザインには南米の意匠も生かされている

粗暴な竜なのだろうか。ヨーロッパの人々は竜を嫌い、憎んでいるのだろうか。

そうとばかりもいえない。ヨーロッパにおいても、竜を神秘の力をもつものとして、尊重してきた側面がある。竜の血を浴びれば不死身になる、心臓を食べれば魔法の力が身につく、などの言い伝えは、人々を魅了してきた。

それに竜は、人間を除くあらゆる生き物のなかでいちばん強い存在だとされる。竜を倒すことは英雄の証しなのである。竜は勇気と力のシンボルでもあった。

さらに竜は悪魔といわれているが、神の正義の前では無力だ。が、より弱い悪魔や魔物には、強い力を発揮する。魔物の頂点に位置するから、竜が負けることはない。

これらのことから、竜は「魔を退ける守護動物」として、ヨーロッパの町々に置かれてきた。

教会の屋根や窓には、悪魔の姿に似た竜がよくしつらえられている。橋桁や柱にも多い。悪魔や魔物が近づかないように、ガードさせているのだ。魔をもって魔を制す、という図式である。ベルギーでは、竜を町の守護動物として伝え、広場などに飾っている。

竜は不思議な力に加え、その力強い姿も人を引きつける。ヨーロッパの貴族の家紋には、竜の姿を用いたものが多い。竜をシンボルにすることで、その力を取り入れることができる。竜のパワーを借りれば、戦いでも負けず、死なず、さらに一族が繁栄し、豊かになる、という発想だ。

竜の力は、基本的には恐れと征服の対象だった。しかし、その強大な力を、自分の側に取りこめば、それほど強い味方はない。守護動物にしたり、家紋にあしらったりするのは、竜の力を求める気持ち、あこがれを表わしているといえる。ヨーロッパの人々も、竜には否定しきれない魅力を感じていたのだ。

16『ネバーエンディング・ストーリー』が竜のイメージを変えた

日本でも公開されて人気を呼んだ映画『ネバーエンディング・ストーリー』は、それまでの竜のイメージを大きく変えた。やさしく明るい竜が、人々の前に初めて現われたのだ。

映画の竜は、その性格の穏やかさを示すかのように、丸い顔に犬のように垂れ下がった耳がついていた。しかし、原作の竜は少し違う。白い真珠貝の色をした長い身体と手足、翼はないが、軽やかに飛ぶ、というところは一致している。しかし、顔立ちはかなり異なっている。小説では、「口もとの長いひげ、ふさふさしたたてがみ、尾と足の房毛」そして、「獅子に似た頭にある瞳はルビーのように赤くきらめく」という姿で書かれている。これは東洋の竜の姿に近い。

物語は、ふとっちょで落第もした〝いじめられっ子〟の主人公バスチアンが、一冊の本を手にすることから始まる。

『はてしない物語』（ミヒャエル・エンデ著／上田真而子・佐藤真理子訳／岩波書店刊）というそのファンタジー（作中でも同名の本として出てくる）は、ファンタージエンという国が舞台だった。さまざまな生き物が平和に暮らすその国に、虚無が広がり、滅びが蔓延してゆく。国の命の源である女王も重い病に倒れていた。女王は少年アトレーユを、国を救うための旅に出す。女王を救う方法を探り出してくるのが使命だった。

途中、馬を失ったアトレーユは、巨大な蜘蛛の巣にかかった白い竜を救い出す。それが〈幸いの白い竜フッフール（映画ではファルコン）〉だ。幸いの竜はどんなときでも望みを失わず、幸運を願う。アトレーユはこの竜の背中に乗って、旅をすることになった。

旅の果てに、女王を救う方法を聞き出したアトレーユは、途方にくれる。それは人間を連れてきて、女王に新しい名前をつけさせる、というものだった。そして、その人間とは、本を読んでいるバスチアンだというのだ。

本を読んでいたバスチアンは「自分のことか⁉」と驚愕し、怯え、悩む。その動揺を知った女王やアトレーユの強い呼びかけによって、バスチアンはファンタージエンのなかに飛びこんでいった。女王に新しい名を与え、国は危機一髪のところで救われる。

映画はここで終わり、バスチアンは竜に乗って、人間の世界に戻る。そして、いじめっ子たちを怖がらせて復讐する。だが、このラストは小説にはなく、映画制作者が一般受けするように勝手に作ったものだった。このラストを知った原作者のミヒャエル・エンデは怒り、裁判を起こす。こうした変更があることを説明されないままに契約してしまっていたのだ。裁判でミヒャエルは負け、映画はそのまま公開された。

小説では、物語をとおして成長した主人公が、自分の力で現実に立ち向かってゆくことで終わる。復讐するというラストは、ミヒャエルの意思からはかけ離れたものだったのだ。

小説は映画よりも長く、物語も複雑だ。主人公の少年が人間社会のイメージどおりの悪い竜を作ってしまったりもする。が、最後まで、幸いの竜は主人公やアトレーユを助け、友情を育む。どうすればいいんだろう、と少年たちが途方にくれると、幸いの竜はいう。

「幸運を願うんですよ」

そして、すべてうまくいく、と片目をつぶってみせるのだ。

最後には成長し、弱い心を克服した主人公が、元の世界に戻る。いじめられっ子だった臆病な少年は、もうそこにはいなかった。

原作と映画に違いがあるとはいえ、竜のイメージは尊重されていた。そして、ヨーロッパで初めての善良で楽しい竜が、生まれたのである。

17　戦争で傷ついた心が、善良な竜を生み出した

ミヒャエル・エンデはなぜ、このような竜を生み出したのだろうか。そこには、時代と

エンデの心が反映されている。

エンデは一九二九年、ドイツのバイエルン地方ガルミッシュで生を受けた。父エドガーは画家で、ミヒャエルは年上だった母が遅くに生んだひとりっ子だった。

まもなく一家はミュンヘンに移り住み、父の絵も売れて、経済的にもゆとりが出る。しかし、時代には〝影〟が色濃くなり、ナチスが台頭するようになっていた。軍国主義に傾いてゆく政府は芸術を制限し、父の絵は「無用の長物」の烙印を押される。父は絵の具を買うことすら禁止され、芸術活動の停止に追いこまれた。

ミヒャエルが十歳のときには、ついに第二次世界大戦が勃発。戦争の混乱のなか、ギムナジウム（中高等学校）に進学したものの、ミヒャエルは十二歳のときに落第。死のうとさえ思いつめたという。

戦況も悪化してゆき、ミヒャエルは生まれた町に疎開する。そこからハンブルクの親戚を訪ねたときには空襲に遭い、惨状を目の当たりにすることにもなった。

十六歳のときには戦況が極限状態に近づき、少年たちさえも次々に、兵士として戦場に送りこまれていった。ミヒャエルにも国防軍から召集令状が届くが、これを破り捨てて逃亡。人目を避けて夜だけ歩く、という長い逃避行を続けて、郊外にいた母のもとへとたどり着いた。

その後、反ナチスの運動に加わるが、やがて終戦。戦争はドイツの敗北という形で終結した。深い痛手を引きずりながらも、人々は新しい時代を生きはじめることになった。

ミヒャエルも十九歳で演劇の道に進み、やがて戯曲や評論を書きはじめる。そして、二十九歳のときに初めての児童文学『ジムボタン』を書き、苦労した果てにやっと認められ、出版にこぎ着けた。それが評価されて、軌道に乗り、作家として執筆生活に入ったのである。四十二歳のときには『モモ』が高い評価を受け、ミヒャエル・エンデの名が広まった。

実は、それ以前の三十代から、ミヒャエルは日本文化に強い関心を抱いていた。ラフカディオ・ハーンが翻訳した日本の怪談を脚色したり、黒沢映画などにも熱中した。そして、四十八歳のときには日本を訪れ、京都などにも滞在したのである。

『はてしない物語』を書きあげたのは、訪日から三年後のことだった。翼のない白い竜は、日本で知った竜神から着想を得たことがうかがわれる。そして、戦争を経験し、その愚かさを痛感していた心が、〈幸いの白い竜〉という、それまでになかったキャラクターを生み出したのだ。

それまでヨーロッパに定着していた竜の邪悪なイメージは、この竜によって塗り替えられた。それは、長い戦争に傷ついた人々の心にも、広く受け入れられたのである。

18 『千と千尋の神隠し』の白い竜〈ハク〉の謎

〈幸いの白い竜〉を喚起したように、日本では昔から白い竜神がよく描かれる。二〇〇一年に公開されたスタジオ・ジブリのアニメ映画『千と千尋の神隠し』（宮崎駿原作・脚本・監督）にも、白い竜神が登場した。

主人公の千尋は、甘えから抜けきれない臆病な十歳の少女。両親と三人で、不思議な国に迷いこんでしまう。そこで父と母は豚に変えられ、千尋は途方にくれる。このとき助けてくれたのが、謎の少年ハクだった。ハクは千尋を小さなころから知っているという。

ハクに教えられたまま魔女と契約した千尋は、名前を奪われ、千と呼ばれることになる。そして魔女が運営する大きな湯屋で働くこととなった。そこは八百万《やおよろず》の神々が疲れをいやしにくる巨大銭湯だった。とにかく両親を人間の姿に戻して、元の国に帰らなければならない。千尋は心を決めて働きはじめ、周囲に助けられて、少しずつ強くなってゆく。忘れかけていた自分の名前も思い出すことができた。「名前を忘れないように」とハクはいう。ハクは魔女に本当の名前を奪われ、支配されていたのだ。

そんなある日、千尋は、傷ついて苦しむ白い竜に遭遇した。千尋は白い竜がハクであることを見抜く。必死の看病をする千尋は、ハクがもうひとりの魔女から呪いを受けたことを知る。ふたりの魔女は気の合わない双子で、ハクはその争いに利用されていたのだ。

ハクにかけられた呪いを解くには、どうすればいいのか。千尋は、離れたところに住むもうひとりの魔女に会いにいくことを決心する。

湯屋を抜け出し、未知の旅路を進む千尋。たどり着いたところには、双子の姉であるもうひとりの魔女がいた。魔女は千尋を受け入れ、ハクにかけられた呪いは解かれた。だが、両親のことは自分で解決しろ、といわれる。あせる千尋。

そこに白い竜が迎えに現われる。回復したハクだった。白い竜のハクは、背中に千尋を乗せて湯屋に向かう。ハクの背にしがみつく千尋に、昔の記憶が甦った。小さなころに川に落ちたとき、そこで白い竜に助けられたことがあったのだ。竜はその川の主《ぬし》だった。

「あなたの名前は琥珀川《こはくがわ》」

千尋がその名を口にすると、白い竜は少年の姿に変わった。ハクが自分の名前を思い出したのだ。

「私の名前はニギハヤミコハクヌシ」

それが、ハクの本当の名前だった。

湯屋に戻った千尋は魔女と対決する。魔女の問いに正しく答えられれば、豚に変えられた両親は人に戻り、千尋も元の世界に帰ることができるのだ。千尋はその答えを当てる。

千尋は元の世界へ戻ることになった。ハクも魔女との決別を決意していた。「ふりかえってはいけない」というハクに見送られながら走りだすと、そこには何も覚えていない両親が待っていた。元の世界では、時間もそれほどたってはいなかった。だが、千尋の心は、大きく変わっていたのだ。

この物語で活躍したハクは白竜であり、かつては琥珀川という川に棲む竜神だった。その川がマンション建築で埋め立てられ、棲むところを失ったのである。

おそらく、怒りにかられた竜神は、人への報復も考えたのだろう。魔法の力を得ようと、魔女に弟子入りをしたのだ。だが、名前を奪われ、魔女に使役された竜神は、神としての力や心さえも失いかけていた。葛藤するハクの前に現われたのが、かつて川に落ち、危ないところを助けた千尋だったのである。

川に棲む竜神、というのは日本の典型的な竜の姿だ。描かれた姿も長い身体に手足、角《つの》とひげのついた顔、という東洋の竜そのものだ。川に落ちた子供を助けるやさしい性質ももっている。

この映画は、アカデミー賞の長編アニメーション映画部門でオスカーを受賞し、多くの国で公開された。東洋の竜の姿、神としての竜が、世界に広まることになったのである。

19 ヨーロッパの竜はなぜ恐ろしく描かれてきたのか？

ヨーロッパの竜は、邪悪な「人間の敵」として伝えられてきた。いったいなぜ、そんなにも恐ろしい存在にしたてあげられなければならなかったのか。

〈赤い竜〉の項にも記されているとおり、竜は悪魔でもあった。神の世界を語るには、悪魔が必要だったのだ。キリスト教は、神と悪魔、善と悪という二元論で成り立つ。神がいるからには悪魔がいなければならない。そうでなければ、神の存在理由が成立しないからだ。そして、神の正しさをたたえるためには、悪魔の邪悪さを浮かびあがらせるのが効果的だった。影が濃いほど、光もまた映える。

キリスト教の布教のためには、悪魔を示すのが効果的だった。リビアの竜はその典型的な例だ。神を信じれば悪魔から身を守れる、という教えを掲げれば、多くの人の心を獲得するのはたやすい。悪魔と竜は、悪者としての広告塔だった。神の教えが広まれば広まるほど、竜と悪魔もヨーロッパじゅうに浸透することになったのである。

そうした竜や悪魔のイメージは、そのままアメリカ大陸にも持ちこまれた。十七世紀のことだ。十七世紀といえば、ガリレオ・ガリレイが天文学を発展させ、さまざまな科学が花開いた時代だ。それまで伝えられてきた魔法使いや一角獣などの話は、迷信として影を薄めはじめていた。

しかし、竜と悪魔は忘れ去られることはなかった。そこには、植民地を拡大しつづける大航海時代という背景があった。他国の征服には、異教徒を倒す、という口実が必要だった。当時、異教徒は悪魔と同等に見なされていた。異教徒を理由に火あぶりにされた魔女裁判は、その一例だ。キリスト教徒以外は悪魔だから殺してもいい、という考え方は、植民地政策にとって都合のいいものだった。

科学に反したとしても、悪魔や竜は〝消すことのできない材料〟だったのである。最大の植民地であるアメリカ大陸では、とくにそうだった。新世界と呼ばれながらも、竜と悪魔のイメージは、そのまま受け継がれたのである。

古代ヨーロッパからアメリカにいたるまで、竜は「時代を映す鏡」だった。竜が邪悪で強欲だったわけではない。それは「人間の心」そのものだったのだ。二十世紀になり、戦争で傷ついた人々は、戦うことや奪うことに疑問をもちはじめた。そうして、竜も変わりはじめたのだ。

しかし、竜は変わる。竜はいつでも敵になり、味方になる。時代や人の心によって、その姿を変えてゆくのだ。

第3章　竜は古今東西、国と時代を超えて存在する！

20 日本の竜も太古の時代には凶暴だった！

日本の竜は、現代ではもっぱら竜神として崇《あが》められる存在だ。しかし、日本の竜も、太古の時代には恐ろしい怪物だった。日本最古の歴史を記した『古事記』や『日本書紀』には、凶暴な八岐大蛇《やまたのおろち》の姿が記録されている。

次の話は日本の神話のなかの一幕だ。天照大神《あまてらすおおみかみ》の弟である素戔嗚尊《すさのおのみこと》は、乱暴狼藉のあげく高天原を追放された。出雲の地に降り立つと、そこで泣きくれる老夫婦と娘に出会う。老夫婦は大山津見神《おおやまつみのかみ》の子（兄妹だが夫婦）だった。

聞けば、もともと夫婦には八人の娘がいたが、あるときから頭が八つ、尾も八つある大蛇がやってきて、毎年娘をひとりずつ食べるようになったという。すでに七人の娘が犠牲になり、残るひとりの娘もまもなく大蛇の餌食になる運命であった。

大蛇は八つの山に匹敵する巨大さで、身体には杉や桧が生え、真っ赤な目をもつ恐ろしい姿であるという。

スサノオは大蛇を倒すために、たくさんの酒を並べて待ちかまえた。現われた八岐大蛇は、八つの頭で酒をたらふく飲み、酔っぱらって力を抜く。

スサノオは剣を振り上げて襲いかかり、大蛇の身体を切り裂いた。八つの頭を次々に打ち砕く。尾にも剣を降ろすと、何か堅いものに当たって刃が欠けた。尾のなかを裂いてみると、そこから出てきたのは、一振りの剣だった。

大蛇を成敗したスサノオは、助けた娘と結婚し、尾から出た剣は姉のアマテラスに献上した。この剣の周囲には常に霧がかかっていたため、天叢雲《あめのむらくも》剣《のつるぎ》と命名される。

のちにこの剣は、東国征伐に出された日本《やまと》武尊《たけるのみこと》に贈られた。ヤマトタケルは野原で火に囲まれ、この剣をふるう。燃える草を切って、火を食い止めたことから、草薙《くさなぎ》剣《のつるぎ》という名で呼ばれるようになった。剣はもともと霧をまとっていたため火に強かった、と考えられる。

もともとの持ち主であった八岐大蛇は、肥の河（現在の斐伊川）の上流に棲んでいたといわれるから、川の主であったのかもしれない。水との深いかかわりがあったからこそ、剣も霧を帯びるという不思議な力をもっていたのだろう。

また、大蛇を倒したのがスサノオという神だったことも興味深い。神が邪悪な怪物を倒す、という図式がそこにできあがるからだ。これは新約聖書の〈赤い竜〉と通じる。神の正義や力を示すための悪の権化、という設定が共通している。

しかし、八岐大蛇は「大蛇」と書かれていて、「竜」という言葉は見当たらない。大蛇と竜は違うのだろうか。
そもそも竜とは何を指すのだろうか。

21 蛇のよう？ トカゲのよう？ 馬のよう？ 竜の真の姿とは？

日本ではいつから「竜」という言葉が使われるようになったのか、はっきりとしていない。中国では紀元前からあった言葉だから、それが大陸や朝鮮半島を経由して日本に伝わってきたことは確かだ。三世紀半ばの卑弥呼の時代には、すでに人や文化の交流があったのだから、竜も伝わっていた可能性がある。

さらに西暦五〇〇年代には、渡来系の蘇我氏が仏教を広め、一族の血を引く聖徳太子も深く仏の教えに帰依したという歴史がある。

そのころには、竜の文字や思想が取り入れられていたとも考えられる。「竜は仏教を守護する霊獣」といわれているからだ。

しかし、日本でももともと生まれた怪物は、大蛇だった。そこに伝来した竜という考え方が合致したらしい。竜蛇という言葉も生まれ、やがて大蛇に竜がとってかわるようになった。

伝説や説話では、大蛇よりも竜の登場が増えていったのである。発想としては、大蛇と竜はほぼ同じといっていい。蛇は文字どおり実在する爬虫類としての存在を指す。が、蛇のようでありながら、頭がいくつもあったり、巨大であったり、不思議な力をもつものは、もはや普通の蛇ではない。大蛇であり、竜と同じだ。

インドの神話や伝説では、そうした普通ではない蛇が「ナーガ」という名で多く登場する。これが中国で翻訳されたときに、竜という言葉に置き換えられた。姿は蛇でも通常の蛇とは違う存在であることから、竜である、と考えられたのだ。

そもそも〈赤い竜〉も［ヨハネの黙示録］のなかで、〈竜〉でありまた〈蛇〉であると、並んで記されている。

竜は蛇の巨大化したもの、あるいは神秘化したもの、という考えが国を超えてあったことがわかる。

では、竜は元が蛇なのだろうか。これはまた異説が多くて定まっていない。蛇が起源、という考え方以外にも、ワニからイメージされた、という説もあるし、トカゲ説、馬説、ラクダ説、牛説、鯉説など、さまざまに意見が分かれている。何を竜と呼ぶか、という竜の定義も、まったく定まっていないのだ。

竜とは、どのような姿のものをいうのだろうか。そして、いったいいつから、竜が語られるようになったのだろうか。

22 世界最初の〈竜との戦い〉は、どこで起こったか？

竜の最も古い記録は、古代オリエントにさかのぼる。

紀元前三五〇〇年には世界最古といわれるシュメール文明が栄え、その後、メソポタミア文明が隆盛を誇った地域だ。

現在のイラクのあたりを中心に、西はエジプト、東はイランや中央アジアにいたるまでの広い地域だった。そこにヒッタイト、アッシリア、バビロニア、イスラエル、ペルシア、メディアなど、多くの国が興り、滅亡していった。その国々に、いくつも竜の伝説が残されているのだ。

ヒッタイト（現在のシリア北部からトルコ東部のあたり）には、竜神のイルルヤンカシュがいたが、嵐の神と仲が悪く、いつも争っていた。竜神イルルヤンカシュのほうが強く、嵐の神はついに負けてしまう。

復讐を願う嵐の神は、酒をふんだんに用意して、女神のイナラシュに竜神を倒してほしいと頼みにいった。女神はうなずいたものの、自分で戦いたくはない。そこで人間の男フバシヤシュに戦いを依頼する。フバシヤシュは女神と一夜をともにすることを条件に、これを引き受けた。

何も知らないイルルヤンカシュは、酒を飲み酔っぱらう。そこに隠れていたフバシヤシュが飛び出し、竜神を倒すことに成功した。

そのことでフバシヤシュは神の力を得ることになった。女神はそれを恐れ、フバシヤシュを丘の家に閉じこめた。

「けっして窓を開けてはいけない」

そういわれて守っていたものの、二十日もすぎると、フバシヤシュは我慢ができなくなってくる。窓を開けると、遠くに自分の妻と子供が見えた。

「家に帰らせてくれ」

そう頼むが、女神は聞いてくれない。いいあらそいになって怒りに駆られた女神は、ついにフバシヤシュを殺してしまう。

この話では、竜神や嵐の神の姿は具体的に説明されていない。が、印章模様などに描かれた竜退治の絵には、身体の長い竜蛇の姿が見える。おそらく大蛇タイプの竜が、話として伝えられていたのだろう。

23 「翼のある竜」は、いつ、どこで生まれたのか？

メソポタミア文明を代表するバビロニアにも、竜と戦う話が残る。これは最も古い世界創造神話だ。

まだ世界に何もなかったころ、淡水を統《す》べる男神アプスと、海水を統べる女神のティアマトが混じり合った。そこからさまざまな神々が生まれ、代を重ねていった。

増えつづける神々は騒がしく、いうことを聞かないため、わずらわしくなったアプスは彼らの殺害を計画する。女神のティアマトは自分の子供たちを殺すことに乗り気になれない。

そうしているうちに計画を知った賢く強い神エアは、逆に父アプスを殺してしまう。力を強めたエアは結婚し、息子のマルドゥクが生まれる。エアはマルドゥクに普通の二倍の力を与えたため、目も耳も四つあり、口から火を吹くという、強靭な神に成長した。

他の神々は彼を恐れ、ティアマトもマルドゥクの勢いと騒がしさに腹を立てはじめてい

背中に翼のある4本足の竜と、戦う神（マルドゥクか？）。中央アジアの古都ブハラ（いまのウズベキスタン国内）で発見された壁画

た。もともとエアに夫を殺されて、怒りを抱いていたティアマトに、まわりも復讐をはやしたてる。気持ちの高ぶったティアマトは、ついに復讐を決意し、立ち上がった。

そして、戦いのために、次々に恐ろしい生き物を生み出す。七つの頭をもつ竜や、角をもつ大蛇、空を飛ぶ竜やサソリの怪物などを兵士として作り上げたのだ。

エアたちも応戦するが、怪物たちには歯が立たない。ついにはいちばん強い力をもつマルドゥクに戦わせることになった。マルドゥクは、勝ったら自分が神の頂点に立つ、という約束を条件に引き受けた。

マルドゥクは怪物たちをなぎ倒し、勝ち進む。ティアマトは自らも巨大な怪物となって戦った。しかし、マルドゥクの力にはかなわ

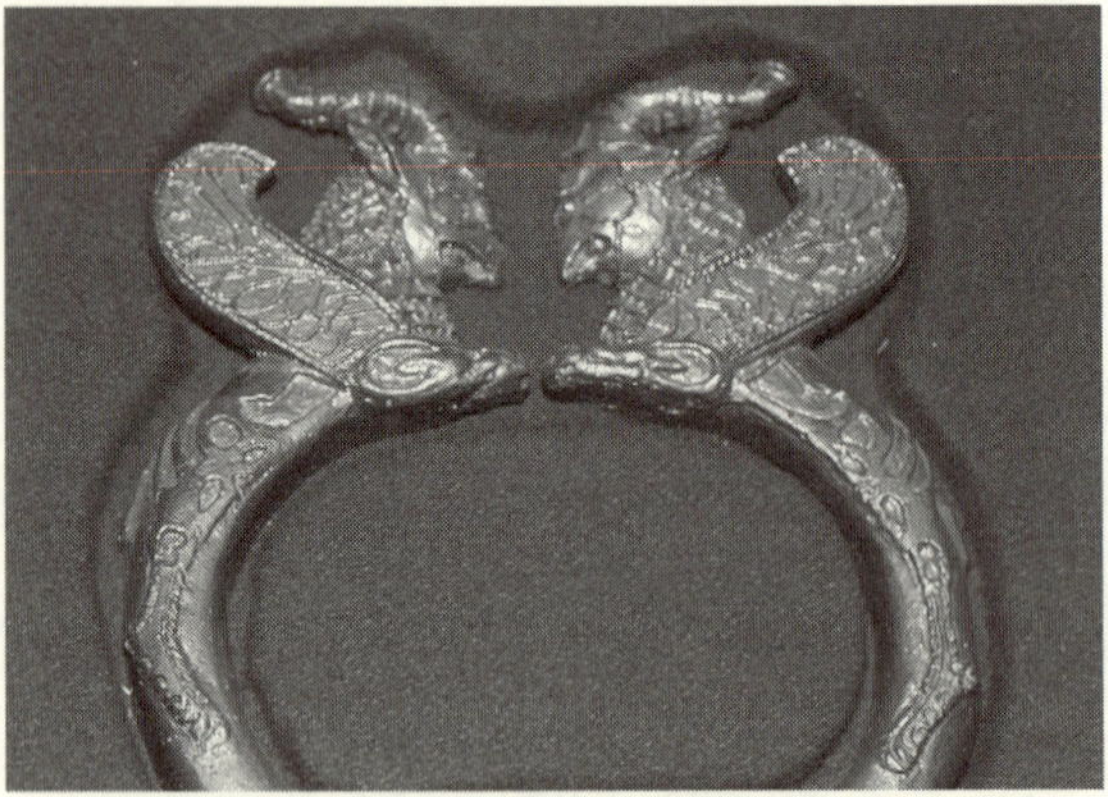
中央アジアのアムダリア川流域で発掘された金の腕輪上部。紀元前5世紀から4世紀にかけてのもので、翼のついた姿がすでに完成されている

ず、身体を切り裂かれることになった。

ティアマトの身体はばらばらにされ、一部は天空に、一部は大地に変えられた。ひとつの眼はチグリス川に、もうひとつの眼はユーフラテス川にされ、残った身体がバビロニアの国土に使われた。

マルドゥクはその中心に神殿を建て、自らが最高位の神の座についた。こうしてバビロニアは生まれたのである。

これは『エヌマ・エリシュ』と呼ばれる神話のなかの物語だ。正確な成立年代はわからないが、メソポタミア文明は紀元前二〇〇〇年ごろから始まっているので、この神話もそこから紀元前数百年のあいだに生まれたとされている。

ティアマトの姿は、言葉ではくわしく説明

されていない。が、海の女神であること、大蛇や竜のような怪物を生み出していることから、ティアマトは海竜であったと考えられてきた。バビロニアの印章模様などにも、大蛇のような竜の姿が残されている。

しかし、竜の姿は時代とともに変化したらしく、ティアマトが四本足の哺乳類の姿で描かれているものも多い。

ライオンのような身体にかぎ爪のある手足、頭には角が生え、背中には翼が生えている。

ヨーロッパの伝説で知られるグリフィンに似た姿だ。

このグリフィン・タイプは遠くペルシア（現在のイラン）や中央アジアの国々にも伝わっていた。翼のある竜は、紀元前のオリエントで、すでに誕生していたのである。

24　竜も天使も、すべては古代オリエントで生まれた！

バビロニアやアッシリアでは、翼のある生き物が数多く生み出されていた。翼のある女神、翼のある男神、翼のあるライオン（スフィンクス）、翼のある人面獣身像などが神殿や宮殿のそこここに刻まれていたのだ。

アッシリアで出土した翼のある人面獣身像ラッマス。
紀元前710年ごろに神殿の守護獣神像として設置されていた

とくに門などには、必ずといっていいほど〈ラッマス〉と呼ばれる有翼の人面獣身像が設置されていた。

これは神殿や宮殿を守護する神だ。頭のかぶりものには角がついており、神性を象徴する。角や翼は、神の力や神性を表わすシンボルだった。

バビロニアのようすは、『旧約聖書』にも語られている。バビロニアはイスラエルと敵対関係にあり、紀元前七四五年には、イスラエルは滅ぼされ、征服された。イスラエルの人々がバビロニアに移り、神殿や宮廷で仕事をしたりもしている。

しかし、イスラエルはオリエントの一部でありながら、他の国々とは違う宗教と文化をもっていた。唯一神ヤハウェ（エホヴァ）を信じるユダヤ教だ。

古来、ペルシアにはゾロアスター教という一神教があったが、それ以外のメソポタミアの諸国は多神教が主だった。天の神や地の神、風の神や海の神などを祀っていたのだ。そして、竜もいた。

イスラエルからバビロニアに連れてこられたダニエルは、巨大な竜を見せられる。竜は不死身であり神である、と人々に崇拝されていた。だが、唯一神ヤハウェを信じるダニエルは、竜を崇《あが》めることなどできない。竜崇拝を拒否するダニエルに、王は信仰を強要した。

「竜を不死身の神であると認め、崇拝せよ」

ダニエルは「竜は神ではない」と否定する。

そして、不死身でないことを証明するために、油や髪などで団子を作り、それを竜の口に入れた。竜はもだえ苦しみ、その身体は裂けてしまったという。

ダニエルはその後、ユダヤ教の偉大な預言者として尊敬を受けるようになった。『旧約聖書』の［ダニエル書］は、このダニエルが書いたものだ。

宗教は対立していたが、バビロニアとユダヤ教のつながりは深い。

さらに多くのことが、『旧約聖書』のなかに取り入れられてゆく。のちにヨーロッパ文明に花開く文化のルーツが、少しずつ西へと移動してゆくのだ。

25 『旧約聖書』に記された、人に食べられた竜とは?

ユダヤ教の聖典『旧約聖書』は、唯一神が天地を創造する話から始まる。有名なアダムとイブの話も、神の造った楽園から人間が生まれる逸話だ。ユダヤ教では、神ヤハウェがすべての創造主であるとされる。したがって悪魔も怪物も神が造ったもの、ということになっている。

『旧約聖書』では、そんな神に造られた動物が登場する。それはレビヤタン(英語読みでリヴァイアサン)と呼ばれる竜だ。「ヨブ記」には次のように記されている。

「彼は海中で戯れるように神によって造られ」
「翼、頭、首、目、鼻、あご、口、歯、舌をもち」
「ウロコで覆われ、その皮はかたくて突き通すことができない」
「彼は泥沼の上に棲み、海を深鍋のように沸騰させる」
「あまりにも大きくて、釣り針やモリでは捕ることができない」
「その顔は恐ろしく」
「力が強く均整のとれた姿で、火や煙を口から吐き出す」

レビヤタンは恐ろしい怪物であることがわかる。しかし、全身の姿ははっきりとしない。［ヨブ記］や［詩編］などの何カ所にも登場するが、統一されていないのだ。頭がひとつと書かれることもあるし、頭がいくつもついていると記されることもある。だが、前にあげた記述などから、長い身体をもった大蛇のような竜であることが想像されている。

この竜は、エジプトに棲んでいたことも記されている。凶暴なレビヤタンは、エジプトや隣接するイスラエルに暮らす民を苦しめていた。

当時、エジプトにはイスラエルの民が多く暮らしていた。が、やがてエジプトの政府はユダヤ教とそれを信じる人々を弾圧するようになった。

イスラエル人のひとりモーセは神の言葉を授かり、危機に瀕した人々をエジプトから連れ出すことになる。追ってくるエジプト軍に追いつかれそうになるが、そのとき、神の奇跡が起こり、目の前の紅海が割れる。

割れた海を抜けて危機を脱した人々は、神が民に与えるといった［約束の地（現在のイスラエル）］を目指して旅を続けた。砂漠には飲み水も食べ物もほとんどない。さまよう民に、神はレビヤタンの頭を打ち砕き、肉を切り裂いて分け与えたとされる。

イスラエルの民はその後、長い放浪の果てにやっと約束の地に着き、国を興す。紀元前一二五〇年ごろの話だ。しかし、その国も征服されたり、分裂したりと、波乱がやむことはなかった。

やがて、疲弊したイスラエルの民のなかに、ひとりの男が誕生した。彼もユダヤ教徒ではあったが、硬直したそれまでの宗教に新しい風を通そうと考えていた。古い体制をこわそうとする宗教改革者だ。彼は「イエス・キリスト」と呼ばれた。

ユダヤ教の指導者は彼を拒否し、認めなかった。当時、イスラエルで力をもっていたローマ政府も、神の名を語る不届き者として、イエスを弾圧した。罪人として訴えられたイエスは、磔《はりつけ》にされたのである。

しかし、彼を信奉した人々はその教えを伝え、広めていった。ローマ帝国も徐々に態度を変え、やがては国教として認めるまでになった。キリスト教の誕生だ。

その後は宗教として形を整えるために、イエスの教えをまとめた文書が集められ、聖典も編集された。『新約聖書』が世に出たのである。［ヨハネの黙示録］はそのなかの一編であり、〈赤い竜〉もそこに記されたものだった。

ローマ帝国によって国教とされたキリスト教は、やがてヨーロッパじゅうに広まってゆく。『聖書』もユダヤ教の聖典である『旧約聖書』とキリスト教の『新約聖書』が、一冊にまとめられて広まった。レビヤタンも赤い竜も、ヨーロッパ文化のなかに深く浸透していったのである。

26 ギリシャの怪物ドラコーンが竜に不気味さを加えた！

オリエントの西には、ギリシャ文化が芽生え、栄えていった。隣接するギリシャとオリエントは戦いを繰り返し、征服したりされたり、という歴史をもつ。そのため、文化が混じり合い、それぞれに影響を与えあっていた。

ギリシャもオリエントと同じく多神教で、大地の神や海の神など、多くの神々が祀られていた。そして、恐ろしい力をもつといわれる怪物の話も、また多かった。怪物たちは総称して「ドラコーン」と呼ばれていた。

ドラコーンたちは、ほとんどが同じ父親から生まれている。それは「テュポーン」という名の巨大な竜だ。

テュポーンは、大蛇のような長い身体をもち、肩のあたりから百本の腕が生えていた。そしてその腕は、それぞれが竜だった。巨大な竜から小型の竜が生えている、というすさまじい姿だ。

神々はテュポーンを倒そうと立ち向かったが、あっけなく負かされ、動物の姿に変身してエジプトに逃げ去った。エジプトに動物の姿をした神々が多いのは、彼らが逃げた先に

下半身が蛇のギリシャのドラコーン

住み着いたからだ。

負け知らずのテュポーンに、ギリシャの神のなかの最高神であるゼウスが立ち上がった。テュポーンはゼウスの雷によってシシリア島に飛ばされ、上に岩を載せられて封じこめられた。岩の下からテュポーンは火を吹き、それが火山となって爆発する。それが今も噴火を続けるエトナ火山だ。

テュポーンの子供たちはさまざまな姿をしており、皆、それぞれに名前をもっている。百の頭をもつ竜は「ラドン」と呼ばれ、やはり多頭で猛毒の血をもつ海竜は「ヒュドラ」と呼ばれる。

竜以外にも四本の足をもつ怪物や翼をもつ怪物など、種類が多い。こうした怪物全体を「ドラコーン」と呼び、怖れたのである。

オリエントで生まれた竜は、ユダヤ教やキリスト教の要素を取り入れ、ギリシャを通って、ローマに伝わった。

途中のギリシャで、ドラコーンという呼び名もそこに加わった。ドラコーンのもつ恐ろしく不気味なイメージも、そこに加味されたにちがいない。新しい呼び名を得た竜は、ローマからさらにヨーロッパじゅうに広まったのである。

27 インドの竜〈ナーガ〉は世界を再生させる

インドの神話には、「ナーガ」と呼ばれる巨大で不思議な力をもつ蛇が登場する。ナーガが中国に伝わると、「竜」と翻訳された。蛇と呼ぶにはふさわしくない、自然を超越した存在だったからだ。

インドにも世界創造神話があり、その主役はヴィシュヌ神だ。そしてそれを支えるのが、「シェーシャ竜」という竜王だ。

世界がまだ始まる前、空にも地にも何もなく、真っ暗な空間が広がっていた。そこでヴィシュヌ神は星や太陽を生み出し、少しずつ世界を造りはじめる。そのとき、地下の奥深

とぐろを巻いたシェーシャ竜の上に横たわるヴィシュヌ神

くで、シェーシャ竜は大地を支えていた。そして、ヴィシュヌ神が眠るときには、海の上でとぐろを巻き、神の寝床となったのである。これがヒンドゥー教の神話だ。

ヴィシュヌ神は世界を造りあげ、人が住むようになった。しかし、世界はやがて滅亡する。ヒンドゥーの教えでは、人は死んでも生まれ変わり、世界も同じように滅亡して再生するという。あらゆるものは輪廻転生するという考え方だ。

この世界が終われば、ヴィシュヌ神はまた新たな世界を造り出す。が、その前に古い世界を消し去らなければならない。それをするのがシェーシャ竜であり、口から吐く火で、終わった世界を焼き払うのだ。

シェーシャ竜は、ヴィシュヌ神のしもべと

カーリヤ竜の頭の上で、しっぽをつかみながらダンスを踊るクリシュナ

もいえる竜で、神の仕事を助ける役を負っている。世界が安定しているときでも大地を支えつづけており、地中であくびをすれば、それが地震になるという。

では、インドの竜は、神や人間の味方となるよい竜なのか。そうとばかりはいえない。人に害をもたらす毒竜もいる。

ヤムナー川には「五つの頭をもつカーリヤ竜」が棲んでいた。カーリヤ竜には強い毒があり、吐く息は周囲の人や動物を窒息させた。川の水にも毒がまわり、飲めば死ぬし、水も沸騰する。人々は困りはてていた。

そこにやってきたのが、神々のひとりクリシュナだった。カーリヤ竜を退治しようと、クリシュナは川に飛びこむ。身体を巻きつけ、締めつけてくるカーリヤに、クリシュナは身体を巨大化させ、はねつける。身をかわして毒を吐き出す頭の上に乗ると、クリシュナは踊りはじめた。クリシュナの身体は宇宙に匹敵するほど重く、カーリヤは血を吐いて息絶えそうになった。それを見ていたカーリヤ竜の妻は、クリシュナに命乞いをする。

「一族全員、この地を去るならば」

クリシュナの言葉を受け入れ、カーリヤ竜は妻たちを連れ、ヤムナー川を去っていった。

このほかにも、インドには多くの竜が語り伝えられている。多頭の大蛇型が多く、これは仏教やヒンドゥーの教えとともに、スリランカや東南アジアにも伝わっていった。この南の国々を通ったルートは「南伝ルート」と呼ばれる。

それとは逆に北上し、ヒマラヤを越えて中国を通る「北伝ルート」もある。このルートでは中国の竜の影響を強く受け、インドのナーガは「竜王」として日本に上陸した。これが日本の竜神思想に、大きな影響を与えることになったのである。

28 インドの多頭竜は東南アジアから日本にも上陸

インドのヒンドゥー教や仏教は、アジアの国々にも広まっていった。ミャンマーやタイ、

アンコールワットに彫刻された多頭のナーガ。
横に並ぶ女性像は天女のアプサラス

マレーシア、インドネシア、カンボジア、ベトナムなど、東南アジアと呼ばれる広い地域に、インド思想は広まっていった。そして、北上して日本にも上陸することになった。南の陸と海を伝う「南伝ルート」だ。

ミャンマーやタイでは、仏教が広く取り入れられ、寺院や仏塔が多く造られた。釈迦像が造られたが、他の神々の像はほとんどない。それに比べ、カンボジアに根づいたのは、ヒンドゥー教だった。有名なアンコールワットは、ヒンドゥー教の寺院だ。

ヒンドゥー教には、多くの神々がおり、ナーガ信仰もある。アンコールワットやその他の寺院にも、ナーガの姿が数多く刻まれている。

カンボジアのナーガは、多頭の姿がほとんどだ。これが実は日本の竜神に影響を与えた、という可能性もある。日本の竜神には、五頭竜や九頭竜がよく登場する。この多頭の竜は、中国ではあまり出てこない。多頭の竜は「南伝ルート」で日本に入ってきたとも考えられるのだ。

一五〇〇年代（十六世紀）には、日本人が東南アジアの国々に旅し、カンボジアにも上陸している。日本人町すら作りあげていた。一六三二年には、森本右近太夫一房の一行が、アンコールワットの参拝も行なっている。

カンボジアを訪れた日本人は、多くの寺院や宮殿で、多頭のナーガを目にしたにちがいない。あるいは像を持ち帰ったこともあったかもしれない。絵に写したことも考えられる。いずれにしろ、南伝ルートに乗って、日本にもやってきたはずだ。

インド発祥の多頭の竜は、東南アジアに広まり、日本にも上陸した。それは日本の竜をより多彩にしたにちがいない。

29 人に食べられたこともある？ 中国の竜

中国は、オリエントと並んで「竜の発祥の地」と考えられている。中国とオリエントは貿易が行なわれ、ときには征服し合う関係でもあったから、文化の交流も盛んだった。古い中国の絵にも、翼のある四本足の動物が何種類も残されている。

しかし、中国で発達した竜は「大蛇タイプ」だった。日本でもよく知られる「長い身体に手足、角とひげのある頭」が特徴だ。

竜は力と権力の象徴となり、皇帝のシンボルとされた。竜は皇帝以外の人間が使うことはけっして許されない、高貴な霊獣として崇められたのだ。

食器でも衣服や装飾でも、竜がついていれば、それは皇帝の持ち物であることを示していた。

だが、それも時代とともに、緩和され、近世になると、竜は一般の人々にも使用が許されるようになった。陶磁器や織物にも、竜の模様が使われた。が、皇帝の竜と一般の竜は、ひとつだけ違いがあった。

手足の指の数が皇帝の竜は五本、一般人の竜は四本と決まっていたのである。その違いがなくなるのは、中国から皇帝がいなくなってからだった。

中国の伝説には、竜の不思議な話が多い。竜の死体が降ってきた、というエピソードもあるし、竜を刻んで食べた、という逸話もある。

後漢時代の紀元八九年、大雨とともに、空から一匹の青竜が落ちてきた。ちょうど宮中に落ちたため、皇帝はそれを料理させることにした。料理人は竜をスープに仕立て、臣下の男たちがそれを食べたという。

これは竜巻に巻き上げられて降ってきた大きな魚ではないか、という説もある。しかし、中国の『述異記』には〈青竜〉と記されているのだ。形状などはわからない。それがどのようなものだったのかは謎だが、魚でも蛇でもなく、竜と書かれているのは事実だ。

中国にはそのほかにも、宮中で竜を飼育していた、という話がいくつかあるし、竜に乗って飛んだという話もある。宮中とは別の所で、大雨のあとに死体が降ってきた、という話もある。死体を見に行った村人は「竜だった」と語るが、翌日に行くと、もういなくなっていたという。

中国の逸話がどこまで事実なのか、真偽のほどはわからない。しかし、竜の話が最も多く、最も愛されているのが中国だ。

陰陽思想では、竜は〈陽〉の極み、といわれる。陽の極みとは、最も強い気であり、最高の力をもつ存在だ。中国五千年の歴史にわたって、竜が不動の人気を保ちつづけているのは、それも理由のひとつだろう。

30　アメリカ大陸にもいた不思議な力をもつ竜

アジアからヨーロッパに広がるユーラシア大陸は、陸つづきで文化交流も盛んだった。竜が広まっても不思議はない。しかし、はるか遠く、広い海を隔てたアメリカ大陸にも、竜は存在したのである。

中南米では、紀元前一〇〇〇年以上もの昔から文明が興り、さまざまな文化に発展していった。南米のナスカやインカ、中米のマヤやアステカなど、謎に満ちた高度な遺跡がいまも関心を集めている。

とくに話題になることが多い中米の文化には、神としての竜が語り継がれてきている。それはアステカやトルテカでは「ケツァルコアトル」という名で呼ばれた、羽毛のある蛇の身体をした神だ。マヤでは「ククルカン」という名で知られている。

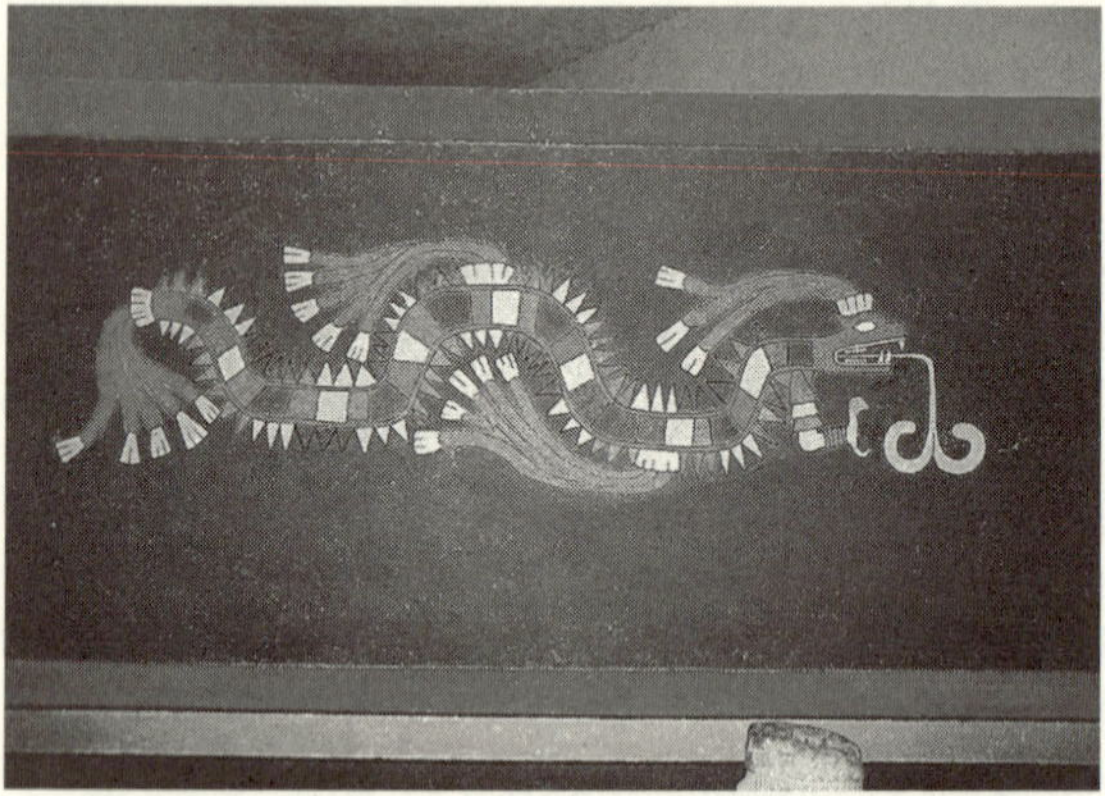

マヤの遺跡チチェン・イッツァに描かれていたククルカンの壁画（修復）。長い身体に翼が生えている

ケツァルコアトルとククルカンはともに〈羽毛のある蛇〉という意味だ。蛇のように長い身体に、翼があったり、羽毛が生えていたりする姿で描かれることが多い。この神は白い肌をした人間の姿で語られることもあるし、たてがみのついたような顔で彫刻されることもある。いくつかの姿をもっていたことがうかがわれる。

ケツァルコアトルは、世界創造を行なった神のひとりだ。中米の宗教は多神教で、雨の神やトウモロコシの神などいろいろな神が祀られているが、ケツァルコアトルは「風の神」だった。世界を造ったあとは、まだ文明をもっていなかった人間に、火や文字を与えたと伝えられる。マヤやアステカに高度な文化をもたらしたのは、この神だと信じられ、

アステカの遺跡テオティワカンにあるケツァルコアトルの神殿。
下部に蛇の姿がある。たてがみのある頭部がケツァルコアトルの顔

人々から崇拝された。

アステカの神話では、ケツァルコアトルは軍神テスカトリポカと戦って破れ、中米の地から去っていったことになっている。船で海にこぎ出した、という話もあるし、炎に身を投じて空へ昇っていったともいわれる。〈金星の神〉ともいわれており、去ったといわれたあとも崇拝がやむことはなかった。

この竜蛇の神がオリエントやアジアを起源にしているとは考えにくい。神話はすでに紀元前から生まれていたと考えられるからだ。中米独自の存在として、生み出されたものだろう。それにもかかわらず、蛇のような身体、翼、そして世界を造る神、という竜の要素は、他の国々と共通する。

文化や言葉の枠を超えて、なぜ、竜は世界

じゅうに生まれたのか。なぜ、恐るべき存在として、または神聖な神として、語り継がれてきたのか。それは竜をめぐる大きな謎だ。

第4章　世界の人々は昔から幻獣や恐竜を見ていた

31 日本にはもちろん、幻獣は世界じゅうにいる

一般に竜は「人間の想像の産物」といわれる。空想によって生み出された幻の動物＝幻獣のひとつに数えられている。世界の国々には、昔から幻獣の伝説があるからだ。日本にも竜のほかに鬼や天狗、河童や人魚、九尾の狐など、多くの幻獣伝説がある。日本ではそれらを含め、「妖怪」という呼び方をするが、その種類は実に豊富だ。

妖怪の出てくる話は、日本の各地に数多く残る。とくに多いのが、河童の話だ。単なる話だけではなく、河童が残していったという物証まである例が少なくない。

千葉県匝瑳市《そうさし》には〈河童証文松〉と呼ばれる松の木があった。昔、この地には河童が棲んでおり、しょっちゅう人や家畜にいたずらをしては、村人を困らせていた。もともと河童は、馬を川に引きずりこむという悪さをする。いっこうにいたずらがやまないようすを見て、ある日、寺の僧侶がこの河童を捕まえた。

「もういたずらはしませんから、許してください」

そう詫びる河童に、僧侶は「それなら証文を書け」と迫る。河童は素直に証文を書き、さらに誓いの証拠にと、一本の松の木も植えた。それが〈河童証文松〉と呼ばれた松だっ

中米マヤ文明の幻獣

たのである。

日本には〈河童松〉と呼ばれる松が各地にある。いたずら者の河童が捕まって縛りつけられた松、水から上がってきた河童がその下で相撲をとるという松、その松が枯れないうちはもういたずらをしない、と河童が人に誓った松など、いろいろな話が伝わる。

また、河童がいたずらをやめる、と書いた〈河童証文〉の伝承も多い。東北、関東、北陸、九州などの広域に残る。

河童が棲む所として有名な岩手県の遠野にも、旧家に証文が保存されていると伝えられていた。しかし、現在では探しても見当たらない、という。証文の伝承の残る他の家も、火事で焼けてしまった、なくなってしまった、という話がほとんどだ。が、秋田には、読めない文字で書かれた古い証文を持つ旧家が、いまもあるという。

自然の豊かな土地では、「河童を見た」という目撃談が、近年まで珍しくはなかった。祖母が池で見た、祖父が川で会った、父親が子供のころに沼で見た、などという目撃談を聞いたという人は多い。

そしてわずかではあるが、現代でも、川で見た、など目撃談がもちあがる。川に人らしい姿があったが、水中に消えてしまった、肌色ではない手足が水から出ていた、などの話だ。もっとも、一瞬の目撃なので、その実体は確かめられていない。

環境破壊や水質汚染が進んでいる現在、河童はもう人里にはいない、ともいわれる。ある山里に住む男性は、夢のなかで河童に別れを告げられたという。その家の近くには川が流れ、子供のころからなじんできたのだが、山が切り開かれてゴルフ場の建設が始まっていた。そんなある夜、河童が何匹か夢に現われた。

「水が汚れてもうここには棲めないから、山奥に移る」

そういって去っていったという。夢ではあるが、リアルな話でもある。河童の多くは、そうして姿を消していったのかもしれない。

32 食べれば年をとらない？ 人魚伝説の不思議

上半身が人間で下半身が魚、という人魚も、世界じゅうに伝わる幻獣だ。古代オリエントのシュメールやバビロニアでも、海の女神として、人魚が語られた。ヨーロッパでも地中海や大西洋に人魚伝説が残る。

地中海のシシリア島では、夜、水浴びをしていた若者が、人魚に遭遇した話が伝わる。海から出て砂浜を歩いていると、水のなかをついてくるものがあった。引っぱりあげてみると、それは美しい女性だった。家に連れ帰って、ふたりは暮らしはじめる。やがて息子も生まれた。だが、夫となった若者にはどうしても気にくわないことがあった。妻がひとことも口をきかないのだ。

「どうしてもしゃべろうとしないなら、殺すぞ」

そう怒鳴ると、妻は家を出て行ってしまった。その後、何年かたったあと、夫と息子が海岸にいたときのことだ。水のなかから、去った妻が現われ、息子を海に引きずりこんだ。息子はそのまま死んでしまったという。

大西洋では、人魚の話がよりバラエティ豊かになる。アイルランドのマン島では、人魚に出会うと大漁になる、という言い伝えがあった。アイルランドでは人魚の伝承が多く、王国の歴史を記した『年代記』にも人魚についての記述がある。それによると、

「上半身は若い女性の姿をしており、下半身は魚の尾、手には水かきがついている」

と、記されている。

アイルランド周辺やフランス西部などは、かつてケルト文化が栄えた地域だった。航海や漁猟をし、海になじんだケルト人だからこそ、人魚伝説が豊かだったのだろう。ケルトの栄えたフランスのブルターニュ地方には、次のような人魚の物語がある。

大西洋に突き出すブルターニュ半島のある海岸で、若い漁師が美しい声を聞いた。その

人魚のミイラ。出所や由来は不明（ロンドン・大英博物館所蔵）

音をたどると洞窟に行きつき、なかにひとりの人魚を発見する。上半身は美しい乙女だった。

漁師は手にしていた網で人魚を生け捕りにしようかとも思ったが、怯えて泣く人魚がかわいそうになってしまう。助けてやることにすると、人魚はお礼にと小さな瓶をくれた。なかに入っている薬をまけば魚が寄ってくる、というのだ。翌日からさっそく使うと、本当に魚が集まり、大漁つづきになった。

何年かたったあと、漁師は嵐に遭い、海に飲みこまれそうになった。水のなかから助けてくれたのは、洞窟で会った人魚だった。漁師は人魚に海底の国に案内され、そこでふたりは結婚する。だが、月日がたつと、漁師は地上が恋しくなりだした。「帰りたい」というと、人魚は頷く。そして、人魚の秘密を打ち明けてくれた。

それによると、人魚は人間とアザラシの結婚によって生まれたという。だが、海のなかで暮らしていると、徐々に魚に戻ってしまう。それを防ぐために、ときどき人と結婚して、人間の血を濃くするのだという。

漁師は解放され、金貨をもらって、地上へと戻った。人魚たちは人間が増えすぎたブルターニュの海から、遠くへ去っていった。

ヨーロッパの人魚伝説は、美しい歌声をもつ乙女が多い。歌声に誘われた男が水のなかに引きこまれる、というものだ。

いっぽう、日本の人魚は美しいとは書かれていない。『古今奇談《ここんきだん》莠句冊《ひつじくさ》』によると、次のような姿であるという。

「その頭は人の顔で、眉や耳もついている。肌は白く、髪は赤くて長い。赤いひれには手がついていて、手には水かきがある。下半身は魚と同じ形をしている」

少し不気味な「水妖」という雰囲気だ。さらに日本の人魚には、その肉を食べると不老不死になる、という伝説もある。若狭（現在の福井県）に住む八百比丘尼《はっぴゃくびくに》という尼が、人魚の肉を食べて不老長寿を得た、という話は有名だ。

また、義経、弁慶とともに戦った清悦という男も、人魚を食べて四百年生きた、といわれている。

清悦は若いとき、衣川の上流で山伏に魚料理を振る舞われ、皮のない赤い肉を食べたという。それが人魚の肉だったために、清悦は不老不死の身体になり、仲間が大勢死んだ戦いでも、命を落とすことはなかった。義経や弁慶が死んだあとも四百年生きて、彼らの物語を語りつづけることができたのだという。

江戸時代にも、いつまでも若さを保っている女性を見ると、「人魚でも食べたんじゃないか」と冷やかす話が残っている。人魚の神秘的な伝説は、広く庶民にも語り継がれていたのだ。

33 ケンタウロスやスフィンクス、半身半獣は神か悪魔か？

人魚以外にも、上半身が人間で下半身が動物という「半身半獣」の伝説は多い。とくに有名なものは、ギリシャ神話に登場するケンタウロスやパン、スフィンクスなどだ。

ファンタジーにもよく登場する「ケンタウロス」は、下半身が馬で、上半身が人間だ。四本足で勢いよく走る。ギリシャ神話では酒好きで粗暴な性格とされ、人の恋人や妻を平気で奪おうとする。その乱暴さゆえに、殺されたり、戦いになったりもしている。しかし、神ではないが、悪魔というわけでもない。困った嫌われ者といった存在だった。

似たタイプに「パン」がいるが、こちらは下半身が山羊で上半身が人だ。が、上半身が山羊の胴体の途中からついているため、足は二本しかない。パンは野山に暮らし、動物を育てる牧神だ。ケンタウロスのように乱暴ではなく、嫌われ者でもない。しかし、人間にとってはやはり避けたい存在であったらしく、森のなかでパンと出会うことは恐怖だった。恐ろしさで我を忘れてしまうことから、「パニック」という言葉が生まれたほどだ。

ケンタウロスやパンは男性だが、「スフィンクス」は女性だ。ライオンの身体に女性の上半身をもつ。オリエントやギリシャでは、翼をもつ姿が普通だ。

ギリシャ神話のスフィンクスは、人を食べる怪物だ。

「朝は四本、昼は二本、夕べには三本の足で歩く生き物はなんだ?」

道行く人にそう謎を問いかけ、正しく答えられなければ、その場で食べてしまう。数えきれないほどの人が、その餌食になっていた。

「答えは人間だ」

正解を出したのは、オイディプスだった。謎は、はいはいする赤ん坊時代、立って歩く大人時代、そして杖を必要とする老年時代と変化してゆく人間の姿を示していた。謎を解

エジプトで発見された翼のあるスフィンクス像。
紀元2世紀のもので、ギリシャ神話に忠実な姿をしている

かれたスフィンクスは、崖から身を投じて死んでしまう。それが運命だった。

スフィンクスはエジプトに伝わると、神に変化した。ピラミッドや神殿を守護する守護獣神になったのだ。エジプトではもともと動物を神として祀る風習があった。人間の身体に動物の頭がついた神も多い。竜のテュポーンに負けて、動物の姿になって逃げていったギリシャの神々の神話がそこに結びつく。

ギリシャでは怪物として扱われることが多かった半身半獣の姿は、エジプトでは神として崇められた。インドでも半身半獣の多くは神だ。半身半獣には特別な力が備わっている、と人々は考えたのである。

34 発掘された謎の頭蓋骨は〈一つ目の巨人〉のものだった?

幻獣は人間の想像が作りあげた幻の産物、といわれてきた。しかし、幻獣は実在した、と考える人々もいる。

ギリシャの幻獣に「キュクロプス」という巨人がいる。二本の足で立ち、人の形はしているが、大きな身体は全身毛で覆われている。そして、顔には目がひとつしかない。この

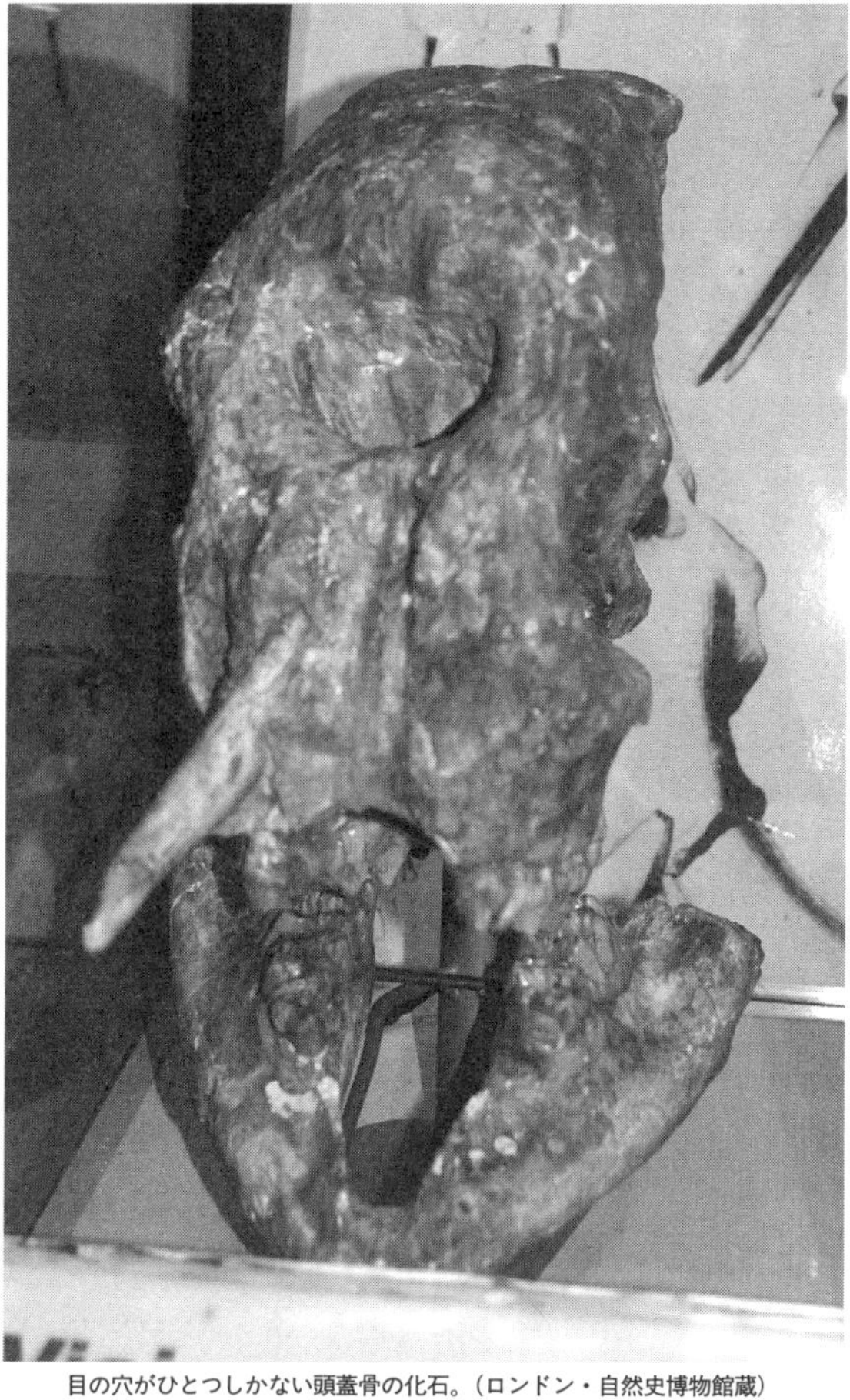

目の穴がひとつしかない頭蓋骨の化石。（ロンドン・自然史博物館蔵）

キュクロプスは地中海の島に棲んでいたといわれる。

ギリシャの伝説では、キュクロプスの島に漂着したオデュッセウスの一行十二人は、キュクロプスのなかでもひときわ大きい「ポリュペーモス」という巨人に捕まり、洞窟に閉じこめられたという。

ポリュペーモスは、一行のなかからふたりの人間をつかんで地面に叩きつけ、口へと運んだ。あっというまにふたりの男を食べてしまったのだ。翌日にも、巨人はふたりの男をつまみあげた。目の前でバリバリと食べられてゆく。

毎日ふたりずつが食べられ、残り六人になったとき、オデュッセウスらはなんとか洞窟を抜け出すことに成功した。そのときの恐ろしさを人々に語り、キュクロプスの島は広く人に知られるようになった。この島は現在のシシリア島だといわれている。

この話も数多くの伝説のひとつにすぎず、キュクロプスも空想の産物、と考えられてきた。しかし、十八世紀の終わりに、「キュクロプスは実在した」と主張する人物が現われた。フランスの科学者ジョルジュ・キュヴェールだ。

キュヴェールは、古い化石から絶滅した哺乳類の姿を再現する、という研究を始めていた。化石をもとに、生前はどのような姿であったのかを、復元したのである。

その作業を行なった化石のなかに、ひとつの不思議な骨があった。大きな頭蓋骨で、目

頭蓋骨の化石から再現された一つ目の巨人は、伝説のキュクロプスと同じ姿だった。ロンドンの「自然史博物館」蔵

にあたる眼窩がひとつしかない。それを再現すると、一つ目の巨人の頭部になったのである。それはまさに伝説のキュクロプスの姿だった。

生物学的には、この古代の頭蓋骨は、現在の象の類縁にあたると考えられている。同様の化石は、地中海の島々やギリシャ本土でも発見されているのだ。

この見解は、アカデミックな科学の世界では無視したり、笑いものにしたりする人々が多い。だが、幻獣の実在を「ありうること」として夢をふくらませる人たちもいる。

35 なんと、かつて人類と恐竜は共存していた?

幻獣はいまでも否定されつづけているが、恐竜もかつては幻獣と同じ扱いだった。十九世紀に化石が発掘されるまで、実在した生き物とは認められていなかったのだ。

化石の発掘と研究によって、恐竜はかつて地上に繁栄した生き物だったことが明らかになった。約二億年前の三畳紀後期に爬虫類の強大化が始まり、恐竜に進化していった。そしてジュラ紀（約一億八〇〇〇万年前〜一億三五〇〇万年前ごろ）にその数も種類も増え、地上は恐竜の楽園となった。続く白亜紀の前期（約一億三五〇〇万年前〜六五〇〇万年前ごろ）

化石などから再現された恐竜の姿

にも恐竜の繁栄は続き、進化の最盛期を迎えていたと考えられている。

　しかし、白亜紀の終わりとともに、恐竜の時代も終焉を迎えた。地上を謳歌していた恐竜が、突如として絶滅したのだ。徐々に減っていったのではなく、ある時期、突然、姿を消したのである。

　この現象は、マンモスにも見られる。シベリアで発見されたマンモスの化石には、口のなかに草が残っているものがあった。これはいつもと同じ日常を送り、食事をしていた最中に、突然、死が訪れたことを意味する。

　しかし、恐竜の絶滅もマンモスの死も、何が原因であったか、わかっていない。巨大隕石の落下、地軸のずれによる急激な気温変化など、説はいろいろと出されているが、決め手はない。事実はいまだに解明されないままだ。

恐竜に比べて、人類の誕生はもっと遅かった。現代人につながるホモ・サピエンスは、約一〇万年前にアフリカに誕生し、そこから他の大陸へ拡散していったと考えられている。ユーラシア大陸を移動し、東アジアや日本に到達したのは、約四万年から三万年前、と考えられてきた。

だが、研究が進むにつれて、人類の歴史はさらにさかのぼりつつある。

アフリカのエチオピアは、最も古い年代の人類の化石が、数多く出土している場所だ。研究を行なっていた欧米のチームは、一九六七年に出土したホモ・サピエンスの化石の測定結果を、二〇〇五年に新たに発表した。それによると、そのホモ・サピエンスの化石は、一九万五〇〇〇年前のものであるという。これまでの通説よりも、約一〇万年近くもさかのぼったのだ。

また、二〇〇四年には、韓国の済州島でも、通説を覆す発見がされている。海岸の地層から、約五万年前の人の足跡が、多数、発見されたのだ。東アジアに人類が到達したのは古くても約四万年前、とされていた定説が、これによって見直されることになった。古代史は毎年のように、新たな発見によって、塗り替えられているのだ。

さらに人類の先祖である原人の歴史も変わりつつある。最も古い原人は、エチオピアで発見された化石で、三五〇万年前のものといわれてきた。約七〇〇〇万年前に、猿と原人に分かれ、別の進化が始まった、と考えられていた。しかし、その後、マケドニアで約九〇〇万年前と思われる原人の化石が見つかり、波紋を投げかけたのだ。

しかし、人類の歴史はもっとはるかに古いのではないか、と考える人もいる。恐竜の時代に、すでに人類が存在していた、と唱える人もいる。そして彼らは、恐竜を見た記憶が人類のDNAに刻みこまれたのではないか、と想像しているのだ。

36 ペルーで発見された「人類と恐竜が共存していた証拠」とは？

中南米は、紀元前の昔から高度な文明が栄えたことで知られる土地だ。なかでも地上絵で知られるペルーのナスカ一帯は、高度な外科手術痕のある頭蓋骨や、高い技術の織物などを残すナスカ文化やパラカス文化（ルーツは同じ）があった地域として知られる。

ナスカの隣のイカはパラカス文化圏で、多くの遺跡や文物が発見されている。そのなかに、世界を驚かせた発見があった。

ペルーは太平洋に面し、陸地はすぐにアンデス山脈として盛り上がる。アンデスはかつては海底であったところが隆起したもので、山からはアンモナイトやサンゴの化石が豊富に出る。海側は雨がほとんど降らず、ナスカの地上絵もそのおかげで消えずにすんでいるほどだ。

その一帯で、一九六一年に、イカ川の大氾濫があった。数十年ぶりの大豪雨がアンデスで起こり、干上がっていた大地が覆されたのだ。水は深い地層にまで達し、土や石を地表に押し出した。そして、押し出された石のなかに、奇妙な線画が描かれたものがあった。石には人間や動物、地図のようなもの、そして恐竜が描かれていたのだ。

その石が世間に紹介されたのは、一九六六年になってからだった。石を手に入れた何人かの人物が、新聞などに発表したのだ。それは未知の文明を示すものだった。さらにその石の年代が研究され、結果が出ると、センセーションを巻き起こした。石の線画が描かれたのは、一万二〇〇〇年以上も前であることが判明したためだ。

アフリカで生まれた人類が移動し、ペルーのあたりに到達したのは、一万年から一万一〇〇〇年前といわれてきた。一万二〇〇〇年前には、まだ人類がいないはずだった。石の年代判定は、その歴史を覆すことになる。〈謎の線刻石〉は、中南米の歴史を塗り替えたのである。

さらに人を驚かせたのは、そこに描かれた恐竜の絵だった。一億八〇〇〇万年前のジュ

武器を持って恐竜に襲いかかる人間の姿

外科手術を行なっているように見える人物

ラ紀から六五〇〇万年前の白亜紀にかけて生息していた恐竜の姿が、克明に描かれていたのだ。人類と恐竜とのあいだには、数千万年の隔たりがあるはずだった。

石を手に入れ、研究を始めたうちのひとりに、イカの町に住むハビエル・カブレラ博士がいた。医師であった博士は診療をした貧しい農民から、治療費がわりに珍しい石を受け取った。恐竜の描かれた石だった。

驚いたカブレラ博士は、農民たちから拾った石を買い取り、集めはじめた。石には恐竜ばかりでなく、外科手術を行なっているものや天体観測をしているものもあった。博士は集めた一万一〇〇〇個以上の石を、私設博物館に展示しながら、さらに研究に没頭した。

石の研究にはペルーの空軍も参入し、カブ

レラ博士も石を寄贈したりしている。空軍独自にも石を収集し、研究を重ねた。

ペルー空軍の測定によれば、石は二億二〇〇〇万年前のものだという。アンデス山脈の隆起は、それからさらに一億六〇〇〇万年がすぎた六〇〇〇万年前のことだ。六〇〇〇万年前には、すでに恐竜は滅んでいる。それは何を意味するのだろうか?

37 発見された一億四〇〇〇万年前の〈恐竜と人間の足跡〉

カブレラ博士の博物館は一般に公開している。訪れた筆者に、カブレラ博士はいった。

「この石を研究してみて、私は人類の歴史の考え方が変わりました。人類の歴史は、私たちが考えてきたよりも、はるかに古いのです」

博士は石を指し示しながら、解説する。絵のなかには人間が石斧を持って、恐竜に襲いかかっている図もあるし、人間が恐竜に食べられている絵もある。恐竜の種類も豊富で、翼をもった翼竜もいる。

「ごらんなさい、これはステゴサウルスです。この恐竜が生きていたのは、一億五〇〇〇万年前。実際に見たから、こんなに正確に描けたのです」

博士は研究を『The Message of the Engraved Stones of Ica』（日本では未訳）という本にして発表もしている。しかし、考古学者や科学者のほとんどは、否定するか黙殺するかのどちらかだった。現代科学の説とはあまりにもかけ離れているためだ。

「恐竜と人類が共存していた、というのは私だけの説ではありません。この写真を知っていますか」

博士は一枚の写真を差し出す。それはやはりセンセーションを起こした、ある足跡の写真だった。

それはアメリカのテキサス州グレンローズ近郊バラクシー川の河床で見つかったものだった。北米では、恐竜の化石が数多く発掘されている。ペンシルヴェニア州立大学の考古学者カール・ボウ博士も研究者のひとりであり、発掘中にその足跡を発見したのだ。それは一億四〇〇〇万年前の白亜紀の地層だった。そこに、恐竜の足跡と人間の足跡が、並んで残っていたのである。

しかし、発表に対して学界は、ボウ博士のでっちあげだ、と否定した。これまでの学説からは、ありえないことだったからだ。しかし、続いて一九八六年に、新たな足跡が見つかった。

人間を食べている恐竜

バラクシー川で発見された恐竜と人間の足跡の写真（カブレラ博物館蔵）

バラクシー川に隣接するエミット・マクファアル牧場を調べていたのは、地質学者のヒルトン・ヒンダーライターだった。古い地層を掘っているうちに、偶然、化石を発掘した。そこに刻まれていたのは、二頭の恐竜の足跡と、ひとりの人間の足跡だった。さらに掘り広げると、目の前にいくつもの同様の足跡が現われたのだ。

地質の専門家であるヒンダーライターは、その地層が新しくても六五〇〇万年前であり、おそらくは一億四〇〇〇万年前のものであろうと、発表した。

「恐竜と同じ時代に、すでに人類がいたと、認めざるをえません」

そうヒンダーライターは見解を述べている。

だが、これもやはり「ありえないこと」として、科学の世界では無視されることになった。そして、どのような結論にも結びつけることができず、いまだに謎として宙に浮いたままになっている。

38　人類は滅びと再生を繰り返している？

カブレラ博士はいう。

「人類ははるか何億年も昔から地球に存在してきたのです。絶滅寸前にまで数が減り、わずかに残った人々が、また増える。それを何回も繰り返しているのです。私たちが知っているいまの人類の歴史は、いちばん新しいものにすぎません」

地球は過去に何回かの大絶滅を経験している。化石の分析によると、二六〇〇万年に一度の割合で、大量絶滅が起きてきたと考えられている。

地球の歴史四十五億年のうち最も近い二億五〇〇〇万年のなかでも、八回から十二回の大量絶滅が起きたと推定されている。とくにその規模が大きかったのは、二億四八〇〇万年前に起きた大絶滅だった。古生代と中生代の境で起きたこの大量絶滅では、地上の生物の八割から九割が死に絶えたといわれる。

さらに二〇〇一年には東京大学の磯崎行雄教授らが、その大量絶滅が二段階であったことを発見した。約一二〇万年遡る二億六〇〇〇万年前にも、先駆ける大絶滅があったことをつきとめたのだ。絶滅の原因は、異常な火山活動で酸素が欠乏したためと考えられている。こうした大量絶滅は六五〇〇万年前にも起きている。白亜紀の終わりに恐竜が滅んだのもそのためだった。

そして、そうした絶滅に人類も巻きこまれたのだ、とカブレラ博士はいう。

「それに大陸移動も起きていますから、人類の歴史は多くが海の底に沈んだのです」

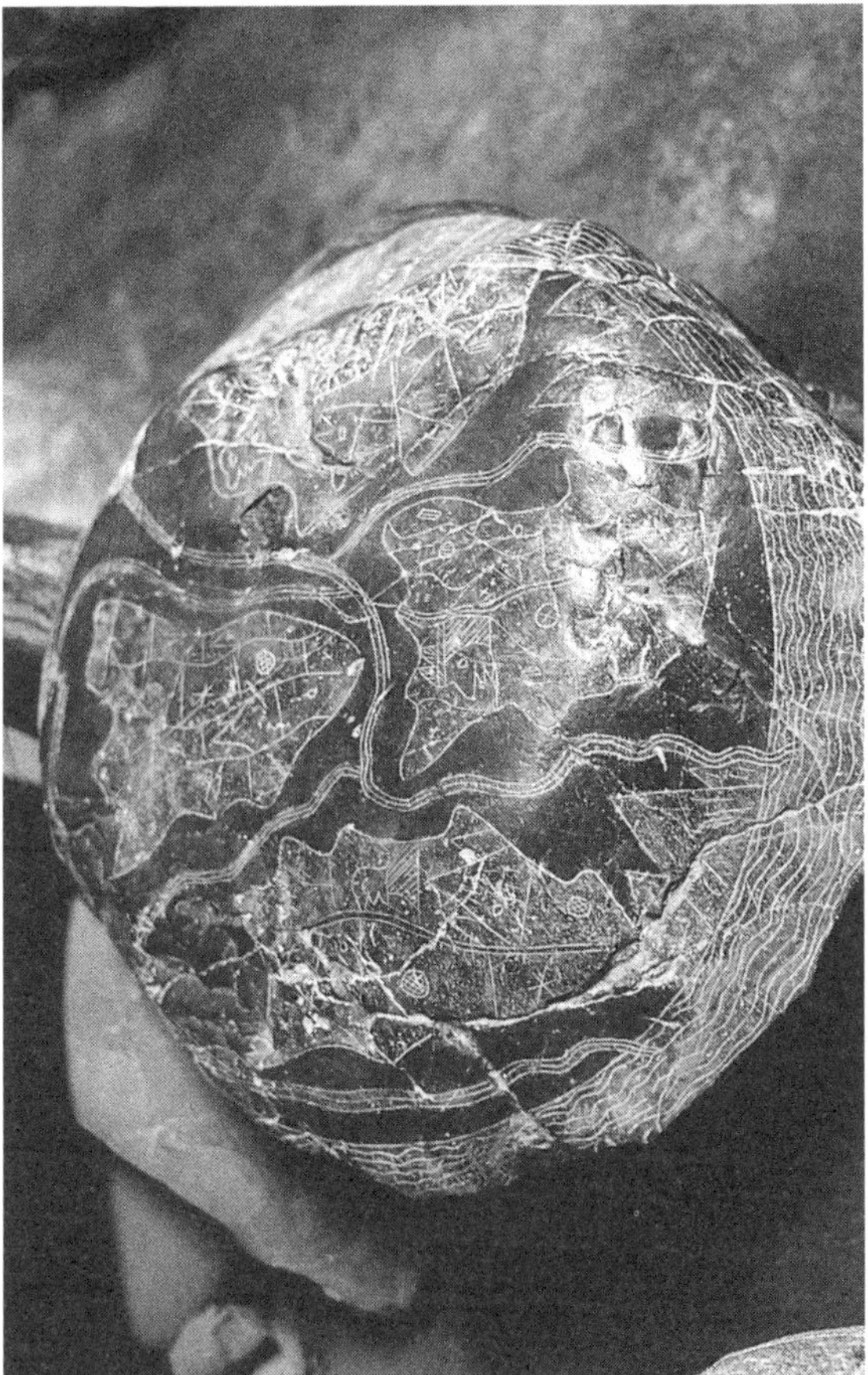

大陸移動が始まる前の巨大大陸を描いたといわれる図

博士はそういって図の描かれた石を示した。それは大陸がまだひとつだったころから、いくつかに分かれてゆく過程を示したものだ、という。

二億年以上も前の三畳紀には、大陸は大きなひとつの塊だったことが知られている。それが徐々に離れ、白亜紀にはアフリカ大陸やアメリカ大陸、ユーラシア大陸などに分かれはじめた。こうした大陸移動はいまも続いており、日本は少しずつユーラシア大陸に近づいている。二億五〇〇〇万年後には、また大陸はひとつにくっつくといわれている。

カブレラ博士は、一億五〇〇〇万年前にはすでに人類がいた、と唱える。そして、人は恐竜と共存したり、戦ったりしていた。ある人はその恐竜の姿を石に描いた。だが、その大地は地殻変動によって海に飲みこまれ、海底に沈んでいった、と仮定する。

地殻変動はさらに進み、海底だった土地は、隆起して再び地上に現われた。ヒマラヤやアンデス、アルプスなどは、じっさいに海底が隆起してできた山だ。

かつて、海に飲みこまれた大地は、再び地上に戻った。恐竜の姿などを描いた石も、古い地層のなかで眠りつづけた。その石が川の氾濫で古い地層から現われた。それが〈謎の線刻石〉だというのだ。

「恐竜と人類はともに生きていた」

そう博士は断言するのである。

39 恐竜は絶滅していなかった⁉ メキシコで発掘〈恐竜土偶〉の謎

　恐竜と人との共存には、もうひとつ、別の見方がある。それは恐竜は白亜紀で絶滅せずに、残っていた、というものだ。

　ネス湖の恐竜はのちにトリックと解明されたが、トルコのヴァン湖や大西洋など、いまでも恐竜を見た、という話は多い。さらにある遺物の発見により、恐竜は数千年前まで確かに生きていた、と信じる人が現われるようになった。その遺物とは〈恐竜土偶〉と呼ばれるものだ。

　一九六八年、アマチュア考古学者でもあるドイツの実業家ヴァルデュール・ユルスルートが、不思議な土偶を発見した。

　メキシコ北部のアカンバロで、土のなかから農民が偶然、掘り出したものだった。最初に発見したメキシコ人の農民ティナヘロは、家族とともにすでにいくつもの土偶を発掘していた。

　ユルスルートが驚いたのは、それが恐竜の形をしていたからだった。

　土偶の多くは素焼きで、小さいもので五センチくらいから、大きいものは一メートル近

メキシコで発見された〈恐竜土偶〉の写真（カブレラ博物館蔵）

いものまであった。頭や鼻に角のついたもの、牙をもつもの、首の長い海竜を思わせるものなど、形もさまざまだった。手足や尾の細部まで、姿はリアルで、化石から復元された恐竜にそっくりだった。

ユルスルートが加わって発掘を続けると、土偶は次から次へと現われ、最終的な総数は三万七〇〇〇個を超えたのである。

ユルスルートは、考古学者のチャールズ・ディペソに鑑定を依頼するが、ディペソは一笑に付す。人間が恐竜を見たなどということはありえない、ユルスルートらが造った偽物だ、と断定したのだ。

政府や学界も同じ対応だった。発掘された土偶の多くも市役所の倉庫にしまわれてしまい、公開されずにしまわれた。

否定する人間が多いものの、関心をもつ人も現われ、この土偶は何度か年代鑑定が行なわれている。

放射性炭素C14による鑑定では、三点の土偶に対して、紀元前一六四〇年、紀元前四五三〇年、紀元前一一一〇年など、幅のある測定結果が出された。〈熱ルミネッセンス法〉という別の測定方法では、紀元前二五〇〇年（プラスマイナス二五〇年）ごろ、という結果も出されている。いまから四五〇〇年以上前ということになる。

そのころだと、人間はいたが、恐竜はいないはずだ。

だが、恐竜は白亜紀とともに全滅したわけではない、という説もある。大量絶滅が起きたとき、八割から九割の生き物が死滅したが、一割から二割の命は助かった。このなかに恐竜も含まれていた、といわれている。

ただし、全盛期に繁栄した大型のものではなく、小型のものだった、というのが生存説の主流だ。

恐竜土偶は、そうして生き残った恐竜を見た人々が、姿を見ながら作った、という人もいる。あるいは記憶として語り継がれた姿を、想像で作りあげたのだ、と信じる人もいる。真実はわからないが、土偶が存在することだけは、確かな事実だ。そしてその姿は、どう見ても恐竜にしか見えない。

40 人類のDNAに刻みこまれた、幻獣と竜の姿

恐竜がいた時代、人間もまた生きていて、恐竜の姿を見たとしたら、どのように映ったことだろう。巨大な身体。長い尾。なかには翼をもって飛ぶものもいる。それは強烈な印象として、脳裏に刻みこまれたことだろう。間近に出会えば、さぞかし恐ろしかったにちがいない。

人類のDNAには、そうした記憶が刻みこまれたのではないか、という説もある。だからこそ、人は竜を生み出したのではないか、というのだ。

恐竜は長いあいだ、人類に知られずにいた存在だった。十九世紀になって、世界の各地で始まった発掘が、恐竜を永い眠りからさましたのだ。古い地層から出てくる大きな骨の化石。それらを復元すると、見たこともない巨大な爬虫類が現われた。ラテン語で〈恐るべきトカゲ＝ダイノ・サウルス〈英語ではダイナソー〉〉と名づけられた。漢字ではそれが「恐竜」とされた。

竜は幻獣である、といわれてきたが、よく似た姿の恐竜は、実在したのである。竜は恐竜を写したものだったのではないか、と考える人がいても不思議はない。竜そのものが実

在した、という人もいる。

幻獣のなかには、恐竜のようにあとから実在が確認されたものも珍しくない。モアやドードーがそうだ。

十九世紀に入ると、ヨーロッパ人の侵略はオセアニアにも及んだ。オーストラリアやニュージーランドに上陸し、土地を支配するようになったのだ。ニュージーランドを征服したヨーロッパ人は、そこで不思議な動物の話を聞く。それは人間の倍もある巨大な鳥の話だった。先住民のマオリ族は、その鳥を「モア」と呼んでいた。しかし、すでに姿はなく、ヨーロッパ人は、伝説上の幻獣だろうと考えていた。

しかし、ヨーロッパからの入植者が増えると、掘り返した土地のなかから、見たこともない骨が見つかるようになった。大きなその骨を復元すると、身長が三メートルを超える巨大な鳥であることが判明した。最大のものは三メートル五〇センチもあった。モアは幻獣などではなく、実在した、ということが証明されたのである。

また、インド洋に浮かぶモーリシャスでは、「ドードー」という鳥の伝承があった。十六世紀に上陸したポルトガル人が、その鳥を見つけ、ヨーロッパに持ち帰って見せ物にしたり、剝製にしたりしていた。

しかし、もともと繁殖力が弱く、ポルトガル人に捕獲されてから百年とたたないうちに、姿を消してしまったのである。最後に目撃されたのは一六八一年で、その後は、姿を見た者はいない。そのため幻獣だったのではないかといわれていたが、近年になって骨が発掘され、実在が確認された。

長い歴史のなかで、人知れず絶滅していった生き物は数知れない。幻獣といわれるもののなかには、かつては本当に生きていたものもあるかもしれない。世界じゅうに残る竜の逸話にも、背景となる存在があったかもしれないのだ。

第5章 人はなぜ、竜を怖《おそ》れつづけてきたのか？

41 竜はなぜ、人を襲って殺すといわれるのか？

竜は恐ろしい生き物、と世界じゅうで考えられてきた。人はなぜ、竜をそれほど怖れたのか？ 竜の何が、それほど脅威だったのだろうか？

人間にとっていちばん恐ろしいことは、命を奪われることだ。自分の生命をおびやかす相手は、最大の敵であり、恐怖の対象となる。

竜は人間をなんのためらいもなく襲い、殺す。それは竜が凶暴な肉食獣だから、といわれる。その話を裏づけるような話が、イングランドに伝わっている。

イングランドには「ワイヴァーン」と呼ばれる竜が語り継がれている。普通の竜には前足があるが、ワイヴァーンは前足の部分が翼になっている。紋章などにもよく使われる、ヨーロッパ独特の竜だ。

この竜の赤ちゃんを拾ってきた少女がいた。中世のイングランド、ヘレフォードシャー地方のモーディフォードという町に住む、モードという女の子だ。モードが家の近くの森を歩いていたところ、小さな緑色のトカゲのような生き物が目に入った。両手にのるほどの大きさで、翼もついているが、まだ、飛べない。赤ちゃんが迷子になったようだった。

なついて足もとにまつわりつくのがかわいくて、モードは家へと連れて帰ることにした。

モードの連れてきた〈お友達〉を見て、驚いたのは両親だった。小さいけれど、それがウロコで覆われたワイヴァーンであることは明らかだった。

「元いたところへ置いてきなさい」

きつく叱られたモードは、赤ちゃん竜を連れて森へと引き返す。が、森の途中で、モードは秘密の隠れ家にワイヴァーンを隠すことにした。そこにえさを運び、育てることにしたのだ。

赤ちゃんだったワイヴァーンは、すくすくと育ち、あっというまに立派な竜に成長していった。身体が大きくなったので、モードの持ってくる食料だけではたりない。お腹をすかせたワイヴァーンは、農民の飼う牛や羊を襲うようになった。

ワイヴァーンの存在を知った村人は、退治しようとやってくる。身を守るために戦うワイヴァーンは、人を倒し、殺し、勢いで食べてしまった。人間の味を知ってしまったのだ。家畜だけでなく人まで食べるようになったワイヴァーンに、町の人々はいきり立つ。

「お願い、殺さないで」

モードは頼むが、もはや聞き入れてもらえない。町いちばんの名家ガーストン家の息子は、鎧甲に身を包んで、森へと向かった。

現われたワイヴァーンは、口から炎をあげて向かってくる。長い槍で身をかわすガーストン。ウロコのないそののどもとを確認すると、ガーストンは槍を突き刺した。竜は血を噴いて倒れる。

ガーストンは、腰に差していた剣を抜き、とどめを刺そうと剣を振り上げた。と、そこに飛びこんできたのは、ひとりの少女だった。叫び声をあげながら、モードはガーストンに石を投げつける。剣をとめたガーストンの前で、少女はワイヴァーンの首にしがみつき、泣き声をあげた。

ガーストンが町に戻ると、恐ろしい竜を退治してくれた英雄に、人々はおしみない拍手を送った。が、少女の姿が目に焼きついたガーストンは、いまひとつ心が晴れなかった。

この話には、人間に愛情をもって育てられた竜でさえ、凶暴さはぬぐえない、という竜への見方が含まれている。

しかし、基本的にヨーロッパの竜の恐ろしさは、人間と敵対することで発揮される場合が多い。竜退治に行った人間が竜と戦う、という設定だが、竜からすれば、身を守っただけにすぎない。

自分の棲み家に来て、殺そうと襲ってくる相手に、抵抗するのは当然のことだ。竜を殺そうとした人間が逆に殺されたとしても、それで凶暴の証しとされるのは理不尽といっていい。竜が最初から悪いわけではなく、結果的に悪者にされてしまった、というケースが多いのも事実だ。

だが、このモーディフォードのワイヴァーンのように、家畜や人を食料として襲う、という話も少なくない。フランスにも、人を襲う竜の話が残されている。

42 竜は人を好んで食べる？

フランスにも、昔から川や池、野山などに竜が棲むといわれていた。いろいろといる竜のなかでも、「ギーヴル」と呼ばれる竜は、吐く息は猛毒で、周辺の草まで枯らすという毒竜だった。おまけに人を襲い、食べてしまう。ギーヴルはフランスじゅうにいたため、そのうちに国が滅ぶのではないか、と心配されていたほどだった。

ある暑い日、農作業で汗をかいた若い農夫が、川で水浴びをしようと思い立った。着ていたものをすべて脱いで、水のなかで、汗を流す。さっぱりとした身体で川から上がると、目の前の草むらが揺れた。現われたのはギーヴルだった。

蛇のような長い身体に、角の生えた恐ろしい頭。その目で見据えられた農夫は、身を縮みあがらせた。「食われる」——そう思ったときだ。

ギーヴルの表情が変わった。農夫が素っ裸であることに気がつくと、ギーヴルは慌てて目をそらしたのだ。そして、恥ずかしそうに身体を翻すと、草むらのなかに逃げていってしまったのである。

そのことから、ギーヴルは服を着ている人間は襲うが、裸の男を見ると逃げ出す、と知られることになった。男たちの裸が増えたのはいうまでもない。そしてそれによって、ギーヴルは姿を見せなくなっていった。

人が裸にならない北の地方へ逃げたのではないか、という人もいたし、絶滅したのだろう、と推測する人もいた。さらに、ギーヴルは女だったらしい、ともいわれるようになった。

竜が人を好んで食べる、という話は世界的に多い。日本の八岐大蛇も毎年若い女性を食べていたし、リビアの竜も子供を食べていた。基本的に竜は肉食獣であると考えられているので、人も食料となりうるのだ。

しかし、中国や日本の竜は、竜神となって以来、人を食べることはない。むしろ、神なので、生き物ばかりでなく、何かを食べることはない。十二支のなかで、竜は唯一、物を食べない聖なる霊獣として崇められているのだ。

43 竜の猛毒の息はペストなどの伝染病を生む？

ヨーロッパの竜は猛毒の息を吐く、といわれている。その息を吸いこむと、周囲の生き物は死んでしまう。

また、毒の息が伝染病を生む、ともいわれている。中世のヨーロッパでは、ペストが大流行して、多くの人が死んだ。感染力が強く、致死率の高いペストは、いくつもの町を全滅させてしまうほどの威力をもっていた。加えてコレラや赤痢なども多くの命を奪っていた。

中世ヨーロッパでは、コレラやペストなどの伝染病の流行は、悪魔のしわざと考えられていた。竜は悪魔と同じ扱いだったから、竜のしわざともいわれたのである。

だが、じっさいは竜のせいではなかった。中世ヨーロッパにはトイレがなく、部屋のなかの壷やたらいをトイレとして使っていた。おまけにその中身を窓から外にぶちまけるのが普通だった。

ヨーロッパでは帽子をかぶる人が多く、貴婦人などもよく傘をさして歩く。中世から近代のヨーロッパ絵画で、よく見られる姿だ。そんな一見おしゃれに見える帽子や傘も、実はただのファッションではなかった。上から落ちてくる汚物をかぶらないための防止策でもあったのだ。衛生状態は最悪であった。

かのレオナルド・ダ・ヴィンチは、そんな町の環境を改善するための下水道設計などをしている。しかし、ダ・ヴィンチが生きているあいだは採用されることがなかった。

フランスの大予言者のノストラダムスも、医者である立場から、衛生状態の悪さを指摘していた。身の危険を顧みず、ペストの町へ飛びこんで治療もしている。が、こちらもほとんど改善されることはなかった。

竜が伝染病をまき散らす、というのはまったくのぬれぎぬだ。しかし、まだ顕微鏡が発明されておらず、病原菌の存在が知られていなかった当時、人々は本気でそれを信じていたのかもしれない。

44「竜は火を吐いてすべてを焼き尽くす」といわれるのは、なぜ？

竜は口から火を吐く、といわれる。これは最も古い時代に属する『旧約聖書』のころからいわれてきたことだ。

『旧約聖書』に記されている竜「レビヤタン」は、「鼻から煙を吹き出し、口から火を吐く」竜として語られる。レビヤタンはヨーロッパの竜の原型であるから、鼻の煙と口から吐き出す火は、竜の定番となった。ヨーロッパの物語に出てくる竜は、必ず鼻から煙を吹き出し、口からごうごうと火を吐く。

しかし、なぜ竜は火を吐くもの、といわれるようになったのだろうか。これには雷との関連がうかがわれる。

竜は空を飛び、雷を起こすと考えられていた。雷は古代の人々にとって、大きな脅威だ。ビルもなく空の広い世界では、稲妻がよく見える。激しい雷鳴と稲光は、それだけでも恐ろしいものだった。さらにもっと恐ろしいのは、雷が落ちることだ。木に落ちた雷はときとして火災を起こし、炎をあげる。付近一帯が火事になることもあるし、家々が焼け尽くされてしまうこともある。

ヨーロッパの竜の話では、空から竜が飛んできて、口から火を吐いて町を焼く、という場面がよく描かれる。容赦なく燃えあがる火と焼け落ちていく家、逃げまどう人々の姿は、想像しただけでも恐ろしい。それは雷による被害と置き換えられるのだ。

火はありがたいものではあるが、同時に恐ろしいものである。ましてや空から降ってくる火は、大いなる恐怖の対象だ。竜はいわば、自然の脅威を肩がわりさせられたことになる。竜は、自然と同じく計り知れない大きさをもつ、と人々が感じていたためだろう。

45 「竜は空を自由に飛び、攻撃してくる」といわれる根拠は？

竜は空を飛ぶ。レビヤタンも赤い竜も空を飛ぶものと書かれている。だが、これらの竜は翼があったとは書かれていない。大きな蛇のような身体で、そのまま空を飛んだらしい。だが、オリエントの竜には、翼がついている。オリエントでは人にも他の動物にも翼のついた姿が描かれており、神性を示す象徴とされていた。それはやがてギリシャにも伝わり、ローマにも浸透していった。

さらにヨーロッパに竜が広まるにつれ、合理的な考えが、そこに加わった。飛ぶためには翼がなければならない、という発想だ。それが、悪魔にコウモリのような翼をつけさせることになった。

しかし、こうした翼のある生き物を、想像の産物と断言するわけにはいかない。翼があって空を飛ぶ爬虫類、という記録がギリシャに残されているからだ。

それを書き残したのは、紀元前五世紀の歴史家ヘロドトスだった。ヘロドトスによると、オリエントには翼をもった蛇や爬虫類が無数におり、春になると大挙してエジプトへ飛んでいくという。爬虫類は小さい姿ではあるが、その数があまりにも多いので、バッタの群れのようだった。羽音と、口から舌を出してシューシュー鳴らす音が、地上にいる人々にも聞こえたという。

この小型有翼爬虫類は、色もとりどりで、種類が豊富だったらしい。毒をもっており、乳香の木を好んで群がる。乳香というのはオリエント特産の香料で、木の樹脂からとったものだ。香りが高く、宗教儀式などにも珍重され、ローマやエジプトなど、各国で金よりも高い値段で取り引きされていた。

この乳香の木に毒のある爬虫類がいると、危険きわまりない。そこで、乳香を採取する職人は、この有翼爬虫類を追い払う方法を見つけ出した。安息香という別の香を木の下で焚くと、煙にいぶされて逃げ出したのだ。

この有翼爬虫類は、鳥のように渡りの性質をもっていたと思われるが、結局、それが命取りになったらしい。エジプトに移動する途中、やはり渡り鳥であるコウノトリの大群に襲われ、すべて餌食となってしまったという。

また、翼のある蛇は中国にも伝承がある。中国には奇怪な生き物ばかりを一冊にまとめた『山海経《せんがいきよう》』という書物がある。竜をはじめ、翼をもつ動物がいくつも紹介されており、

中国の『山海経』に描かれた〈鳴蛇〉

そのなかに有翼の蛇たちもいる。

そのうちのひとつ〈鳴蛇《なきへび》〉は、四枚の翼をもつ巨大な蛇だ。中国の鮮山《せんざん》に現われ、石を転がすような音をたてて鳴く。この蛇が現われると、あたりで大干魃《だいかんばつ》が起こる、といわれていた。

こうした有翼爬虫類は、ヨーロッパにも目撃談がある。イングランドのエセックス州ヘナムでは、昔から「アンピプテラ」と呼ばれる有翼大蛇の伝説があった。体長三メートルほどの身体に、二枚の翼がついている姿だ。村人にしばしば森で目撃されていたが、一六六九年五月二十八日を最後に、人が見ることはなくなったという。

竜が空を飛ぶというのは、恐ろしさからくる想像、といわれる。しかし、古代には、飛ぶ爬虫類が本当におり、そこからイメージされたのかもしれない。

46 竜は天候を操って嵐や洪水を引き起こす？

竜は空を飛び雷を呼ぶ、という伝承とともに、天候を操って自然災害を起こす、というものもある。大雨、嵐、洪水、そして雨を降らせない干魃などだ。

竜は水とつながりの深い生き物、という考え方が世界共通にある。アジアでは竜神は水神であり、雨乞いの神だった。竜は山にも棲むが、数からみれば、水のなかに棲むといわれる竜のほうが圧倒的に多い。ギリシャやリビアなどの地中海沿岸の国々でも、海や湖などに棲む竜の話がいくつもある。

このことから、竜は雨を降らせたりやませたりする力をもつ、と想像されたのだろう。もともと古代のオリエントでは、何回かの大洪水が起きていた。『旧約聖書』に記されている〈ノアの箱船〉も、大洪水から逃れるノアの一家が主役だ。ペルシャやシュメールの記録にも、大洪水が起こったことが記されている。それは国全体を壊滅させるほどの大災害だった。

竜が大洪水を起こす、という話は中国にもある。中国には天界があり、天の神々がいた。そのなかに共工《きょうこう》という名の人面蛇身の竜神がいた。共工の父祝融《しゅくゆう》は火神であり、共工は水神だった。

天の神はそれぞれの力を競い、権力争いが繰り返された。共工は父の祝融と争うことになり、戦いの結果、敗れてしまう。天ではその後も争いが繰り返され、共工も雪辱をかけて戦いに参加する。

戦いのたび、共工は大雨を降らせたり大洪水を起こしたりした。天に穴が空き、雨が降り放題になる。氾濫と洪水で地上は水浸しになり、多くの村が呑まれて流された。人々にとっては、恐ろしい大災害だったのだ。共工は戦いに負けて封じられるが、大洪水をもたらした恐ろしい竜神として、中国の人々の記憶に刻まれたのだ。

47 竜は悪魔のような邪悪な心をもっている？

竜は性質だけでなく、心まで邪悪だ、といわれる。それはおもにヨーロッパの考え方だ。伝説やファンタジーで語られる竜の性格を列記してみよう。

［嘘をつく］
［人を騙す］
［平気で裏切る］
［人を憎悪する］
［疑り深い］
［冷淡］
［傲慢］

［虚栄心が強い］
［欲が深い］
［人のものを奪う］
［破壊する］
［殺す］

などの性格が、竜の特性として語られる。しかし、これは人間の心の悪い側面をそのまま並べたにひとしい。悪魔として、人の心の闇を負わされたというべきだろう。

それに、邪悪といわれる竜も、人に騙されることが少なくない。それはだいたいこんなパターンの話だ。

ある男が竜に願いごとをする。かなえてくれたら、自分の娘を嫁にやる、と約束する。竜はその条件をのみ、願いごとをかなえてやる。

後日、竜が約束を果たすようにといってくる。男はうろたえる。娘たちにその事情を打ち明けるが、誰もがいやがって竜のところに行こうとしない。

「では、私がまいりましょう」

ここでそういいだすのは、だいたいがいちばん末の娘だ。これで本当に竜と結婚し、竜といつまでも暮らした、という話もある。

しかし、なかには、そうならない展開もある。

嫁に来ました、と娘が竜のもとに行く。喜んだ竜は娘を歓待するが、その油断した隙を見て、娘は竜を殺してしまうのだ。この展開の話は、ヨーロッパやアジアの各地、日本にもある。実は、竜よりも人間のほうが、邪悪な心をもっていたのだ。

48 「竜は人の財産を奪う」と恐れる人々の心の深奥は？

竜は財宝が大好きで、人の財産を奪う。そういわれているのは、ヨーロッパだ。これは竜は悪魔である、という発想から生まれたものだろう。オリエントやギリシャなどの古い伝説には出てこない逸話だ。

人間にとって、命を奪われることの次に恐ろしいのは何か。それは人によって微妙にちがう。家族を失うことかもしれないし、自由を奪われることかもしれない。あるいは財産を失うことかもしれない。

ヨーロッパの人々にとって、恐ろしいのは財産を失うことだった。狭い陸つづきのヨーロッパでは、絶えず侵略と略奪が繰り返されてきた。無一文になって、土地を追われることが珍しくない。逆に、奪う側になり、人の財産をごっそりと手にする機会もあった。財産を奪ったり奪われたりする悪魔的な行為が、日常的に行なわれていたのだ。

財宝が好きで、人の財産を奪う、というのは、人間の心そのものだ。じっさい、ジークフリートの物語においてもそうだが、竜は奪った財宝を使うわけではない。ただ、金銀宝石の上に寝そべって、満足げに見て、独占するだけだ。そこには欲望以外何も存在していない。

竜が悪魔として作りあげられていく過程で、人の心の闇がつぎつぎに投影された。財宝を奪うという欲の心と、奪われるという恐怖が、そこに加えられたのだ。

49 〈666の悪魔〉に力を与えたのは竜だった！

『新約聖書』には〈666の悪魔〉が登場する。これは欧米で最もよく知られた悪魔であり、映画『オーメン』でさらに広まることになった。実はこの悪魔に恐るべき力を与えたのはあの〈赤い竜〉だったのだ。

〈666の悪魔〉が語られるのは、［ヨハネの黙示録］だ。〈赤い竜〉は、天界で大天使ミカエルと戦って敗れ、地上に落とされた。落ちてもなお竜は、神の子（イエス）を産んだ女を憎み、女を押し流してしまおうと、口から水を吐いて川を作る。しかし、神はその川を地中に吸いこませてしまった。怒りがおさまらない竜は、新たな戦いに挑むために、海辺に行き、砂の上に立つ。すると、二頭の獣が海から現われるのだ。

一頭めの獣は、七つの頭に角が十本生え、角にはそれぞれ十の冠がのっていた。頭には神をののしる言葉が書かれている。足は熊のようで、口はライオンのよう、姿はヒョウに似ていた。

〈赤い竜〉は、その獣に自分がもっていた力や権力を与えた。神や天界をののしる口も与え、国や人を支配する権威も与える。悪魔の力をそのまま獣に注いだのだ。力をもったその獣を、人々は崇めた。

もう一頭の獣は、地のなかから湧きあがってきた。

「それには子羊のような角が二本あって、竜のようにものをしゃべった」

そして、一頭めの獣と同じような力が、〈赤い竜〉によって与えられた。二頭めの獣は天から火を降らせたりして奇跡を見せつけ、人々に自分を拝ませた。自分を崇拝しない人間は容赦なく殺させもした。

その獣は自分の名前をすべての人の右手、あるいは額に刻印させた。刻印のない人は物を売ることも買うこともできないのだ。その刻印は名前でありながら、数字だった。

［その数字は666である］（［ヨハネの黙示録］第十三章）

この記述によって、ヨーロッパでは666は悪魔の数字となった。

だが、この数字は［人の名前］を意味するとも書かれている。［黙示録］の執筆者ヨハネは、666を暗号として用いたと推測される。そしてその数字が示すのは、当時、キリスト教を弾圧していたローマの皇帝ネロのことだといわれている。ヘブライ語でネロという名前を書き、それを数字に置き換えると、666になると解釈されているのだ。

この暗号説は一般にはあまり知られず、666は単純に悪魔の名前として浸透していった。そして、この恐ろしい悪魔に力を与えた存在として、〈赤い竜〉はますます怖れられたのである。

50 竜は超常的な不死身の身体をもつ？

竜の最も怖れられる点に、不死身の身体という特性がある。ジークフリートが竜の血を浴びて不死身になったように、竜そのものが不死身の身体をもつと考えられてきた。

その代表的なものが、ギリシャの「ヒュドラ」だ。ヒュドラはテュポーン（第3章26）の子供のひとりだ。大蛇姿の怪物で、エーゲ海沿岸のレルナの沼に棲んでいた。身体はひとつだが、頭はいくつもあり、その数も定まらない。五つや九つともいわれるが、百の頭があるともいわれていた。

このヒュドラを倒すために沼にやってきたのが、勇者ヘラクレスだった。ヘラクレスは主神のゼウスが人間に産ませた息子で、嫉妬深い正妻のヘラに憎まれていた。ヘラはヘラクレスを殺してしまおうと、十二の冒険を課したのだ。第一の獅子退治を終え、次にやってきたのが、レルナの沼だった。

ヒュドラについてはヘラクレスもその恐ろしさを聞いてはいた。いくつもある頭のなかで、中央の頭は不死身だという。そして、ほかの頭は切ってもまた新たに生えてくる。おまけにただ生えてくるだけでなく、一頭を切ると、そこから二頭生えてくるのだ。

ヘラクレスは剣を振り上げて戦った。聞いたとおり、一つの頭を落とすと、そこから二つの頭が生えてくる。切れば切るほど相手は強くなる。ヘラクレスは消耗するが、ヒュドラは強さを増すばかりだった。

「このままでは勝てない」

そう感じたヘラクレスは、ヒュドラの前から退いて、策を練った。知恵を絞った結果、多くのたいまつを用意した。そして、甥のイオラオスを連れ、再び戦いに臨んだのである。

ヘラクレスが頭を切り落とす。すると、すぐさま切り口にたいまつの火をつける。焼けこげた切り口からは、新しい頭が生えることができなかった。そうして次々に頭を減らしてゆき、残る頭はついに最後のひとつになった。ヘラクレスは力を注いで、これを切り落とした。だが、この頭は死ぬことがない。地面に深く穴を掘ってこの頭部を埋めると、大きな岩を置いて封じこめることにした。そして、頭を失った胴体を、二度と再生できないように、切り刻んで捨てたのである。

このような、切ってもまた生えてくる竜、という話はバビロニアにも伝わっている。〈竜ダハーカ〉という王の両肩にはそれぞれ蛇が生えており、切っても切っても生えてきて、死ぬことがなかったという。

不死身というのは、神秘の力のなかでも最大級のものだ。竜は超常的な力をもつ、と世界の人々は感じていたのである。

第6章

人はなぜ、竜を崇《あが》めつづけてきたのか？

51 竜は、太陽や春を象徴する霊獣だった！

恐ろしい怪物や悪魔として扱われた西洋とは違って、東洋では竜は神性な霊獣、あるいは神として崇められる。

竜はなぜ、神聖視されるようになったのだろうか。

最初に竜が神聖視されたのは、中国においてだった。

中国では陰陽思想があり、すべての存在を陰と陽に分ける。男は陽で女は陰、だが、その本質は男が陰で女が陽、山は陽で海は陰、昼は陽で夜は陰、桃は陽で杏は陰、というように、すべてのものが陰と陽、そしてその中間の平《へい》という分類わけをされる。

その分類のなかで、竜は陽のきわまったもの、とされていた。

ほかに陽のきわまったものといえば、太陽がある。太陽は文字どおり最も〈太〉なる〈陽〉のことだ。竜は太陽にひとしい存在ということになる。それを表わすもののひとつが、〈青竜〉だ。

中国には〈四神〉という言葉がある。東西南北を守る神がおり、それぞれ季節や色を象徴しているとされる。

東＝青竜＝青＝春
南＝朱雀＝赤＝夏
西＝白虎＝白＝秋
北＝玄武＝黒＝冬

青竜が象徴する東は太陽が昇る方向で、春も太陽が顔を出す、といわれる季節だ。竜は空に昇るといわれることから、日の出になぞらえられたのだろう。また、竜は蛇が神聖化したものともいわれている。蛇は冬に冬眠し、春の啓蟄《けいちつ》とともに地上に現われる。春の神にふさわしいと考えられたにちがいない。青竜は太陽や春を呼ぶ縁起のいい霊獣として、崇められたのである。

この〈四神〉は、風水思想とともに、日本にもとりいれられ、活用された。都の建造、城の建設、家の建築、そして古墳や墓室にまで活かされている。

東京には虎ノ門という地名があるが、これは江戸城の西に位置する町だ。しかし、東の正門は大手門と呼ばれ、青竜の名はない。むしろ南に竜ノ口という地名が残る。これは堀の水が流れ出しているところから名づけられたのではないか、と推測されているが、真相は不明だ。江戸城の謎のひとつである。

52 竜の骨を食べると、不老長寿が得られる？

中国では、蛇も千年生きると竜になる、といわれていた。蛇も竜も不老長寿や不老不死を体現する縁起のいい霊獣とされた。

もともと蛇にも不老不死の力が備わっていると考えられてきた。それは蛇が脱皮するためだ。ぬけがらは死体のように見えるのに、本体は死んでいない。むしろ大きくなっている。そんな脱皮を何回も繰り返すことから、人は蛇に不老不死を想像したのである。

また、蛇は生きている限り大きくなりつづけるといわれる。とはいっても、蛇が何年生きるのか、その寿命は研究者にもよく把握されていない。それは人の研究期間よりも蛇の寿命のほうが長いため、という説もある。同じ爬虫類の亀は、親子三代で飼うことが可能なくらいに長生きする。蛇も数十年を超える寿命をもつものも少なくないらしい。その間、大きくなりつづけたものが、大蛇となるのである。

寿命が長い理由に、生命力の強さもある。蛇はえさを食べることができなくても、長期間生きることができる。奄美観光ハブセンターの飼育経験では、ハブは二年くらいは水だけでも生きていけるという。

こうした蛇の驚異的な生命力は、縁起のいいものとして崇められた。とくに毒蛇の少ない東アジアでは、蛇は神の力をもつ生き物として大切にされた。日本では蛇を祀《まつ》る祠《ほこら》も多く、家の守り神としても尊重されている。

竜は蛇が神聖化したもの、あるいは蛇がより高いレベルに変化《へんげ》したもの、という考え方が世界共通にある。蛇が千年生きると竜になる、という中国の発想は、その代表的なものだ。不老長寿の象徴ともいえる。

中国では古くから、不老長寿や不老不死の願望が強かった。二千年以上も昔の秦の始皇帝は、不老不死の薬を真剣に探し求め、徐福を隊長とする探索団を日本に送りこんだほどだった。中国の仙人は不老長寿のための生活術や仙薬（仙人が作る薬）、修行法などを研究し、それを実践していたことで知られる。強い霊力を身につけた仙人は、竜を操ったり、竜に変身することもできたという。

仙薬よりもより一般的な漢方薬のひとつに〈竜骨〉と呼ばれる生薬《しょうやく》がある。これは動物の骨の化石だ。生薬には植物や動物、鉱物などがあるが、そのなかでもいちばん質の高いのが鉱物だとされる。植物は枯れるし、動物は死ぬ。しかし、鉱物は何千万年、何億年という年を経てきたものだ。レベルがちがう、と考えられている。

その鉱物のなかのひとつが、化石の〈竜骨〉だ。現在も生薬のひとつとして使用されており、婦人病や精力減退などに用いられている。古代には、〈竜骨〉を服用しつづけていれば、身体が軽くなり、神通力が得られ、寿命が延びる、と伝えられていた。〈竜骨〉は竜の骨であり、竜のような力がつく、と考えられていたらしい。

じっさいの〈竜骨〉は、サイなどいろいろな動物の骨で、動物の種類が特定できないものもある。そのなかに、かつては恐竜の骨も含まれていた、と考えられている。中国では恐竜の化石がたくさん見つかっているが、昔はまだ恐竜の存在が知られていなかった。大きな化石は、竜の骨だと思われていたのだ。

竜は生命力が強く、長寿で神のような力をもつ、と語り伝えられてきた。その竜の骨を食べれば、長寿や神秘力が身につく、と考えたとしても、不思議はない。

53 竜の姿〈九つの福相〉には縁起のよさが凝縮している！

竜が神として崇められているアジアでは、その姿がほぼ一定している。中国でできあがった竜の形が、広まったからだ。

中国では、竜の姿を次のように記している。

海の神様である媽祖を祀った〈媽祖廟〉の門にいる竜（横浜中華街）

［角《つの》は鹿に似ている］――鹿の角は枝のように何本かに分かれている。
［頭はラクダに似ている］――顔全体が大きく、鼻も大きい。
［目は兎に似ている］――兎の目は三百六十度を見渡すことができる、といわれている。さらに兎の目は赤く、竜の目もまた赤いとされる。
［うなじは蛇に似ている］――首の上の部分は、細長く、ウロコに覆われている。
［腹はミズチに似ている］――ミズチというのは想像上の動物で、竜の一種とされるもの。ワニに似た姿で角と手足があるといわれる。
［ウロコは鯉に似ている］――竜は腹部以外はウロコで覆われているとされる。鯉のウロコは丸くて大きい。

［爪は鷹に似ている］――小動物をとらえる猛禽類である鷹の爪は、鋭くて大きい。

［手のひらは虎に似ている］――虎の手のひらは大きくて厚い。

［耳は牛に似ている］――竜には耳がある。牛の耳は、皮は薄いが大きい。

以上、九種類の動物があげられていることから、竜の「九似説」といわれる。

これは日本にも伝わり、竜の絵はこれをもとに描かれることになった。

ただし、日本の本では［兎の目］が鬼の目に変わっている。鬼は中国では幽霊のことを意味する。が、日本では恐ろしい妖怪を意味するので、竜の目には鬼の目のほうがふさわしいと考えられたのだろう。

「九似説」で集められた動物の各部分は、どれも美しかったり、力強かったりするものばかりだ。

また、中国では〈相〉を大切にする。人相で知られるように、それぞれの形に福相や悪相などといった相を見いだすのだ。人間でも、顔や耳、鼻や手が大きいのは福相とされる。「九似説」であげられた動物の各部分は、どれも福相だ。竜の姿は縁起のよさが凝縮しているのである。

54 鯉は滝を登って竜に変身し、竜は竜馬に変身する！

〈登竜門〉という言葉がある。これは鯉が滝を登って竜に変身する、という故事から生まれた言葉だ。

鯉は中国では〈陰〉の生き物とされている。しかし、鯉には強い上昇志向があり、滝を登ろうとする。苦心のあげく滝を登りきったときに、鯉は陰から陽へと変わり、竜に変身する。

中国には竜門（龍門）という地名のついた場所がたくさんある。最も有名なのが、世界遺産にも指定されている〈竜門石窟〉だ。雲南省昆明郊外にも石山竜門があるし、ほかにも多くの竜門がある。

竜門の地名がつくのは、川の流れが急になっている場所や、けわしい峡谷などに多い。山でも断崖絶壁などに、やはり竜門と呼ばれる場所がある。けわしい断崖を登ることが〈登竜門〉につながるからだ。

鯉が竜に変身するというのは、出世を意味する。平凡な人間が高官や英雄になることだ。昔の中国には科挙という試験制度があり、それに受かると政府の要職につくことができた。

馬に変身した竜馬に乗って、天に昇る仙人。
神仙思想の本拠地、中国四川省の青城山の壁画

エリートの入り口であり、まさにその試験は〈登竜門〉だった。

日本でも〈鯉の滝のぼり〉の絵がよく飾られている。これは〈登竜門〉にいたる途中のようすを描いたものだ。五月五日の端午の節句に鯉のぼりを飾るのも、理由は同じ。男の子が大人になったとき、滝を登って竜になった鯉のように出世をしてほしい、という願いがこめられている。

また、蛇や鯉が竜に変身する、という話があるように、竜がほかの動物に変身する、という伝説も多い。

昔から竜は馬に変身するといわれ、それが〈竜馬〉と呼ばれる。坂本竜馬の名で日本でもなじみ深い。馬にはいろいろあるが、なかには走りが速く、疲れを知らないすぐれた馬

が出る。まるで竜が馬に姿を変えたようだ、という発想から竜馬といわれるのだ。

もともと中国では、竜は馬に変身すると言い伝えられてきた。『西遊記』のなかでも、竜が三蔵法師の乗る馬に変身する場面がある。仏教の守護をする竜が、教典を求めて旅する三蔵法師を助けたのだ。

興味深いことに、竜馬は人が造ることができる、ともいわれている。竜と馬が結婚すると、その子供が竜馬になると考えられた。そのため馬を池や湖の近くで飼育する。すると水に棲む竜が現われ、馬と結婚すると信じられたのだ。これは日本にも伝わり、馬を育てる人々のあいだで広まった。近年まで、北海道などで、じっさいに行なう人がいたという。

竜の変身は、出世や人並み以上にすぐれたことを表わす。人から見ればひじょうに縁起のいい現象にほかならない。さらに竜は仏教と結びつき、より神聖視されてゆくようになる。

55 竜は、お釈迦様を守っていた護法善神！

竜は仏教では、仏法を守る護法善神とされる。

スリランカの仏教遺跡に残されている釈迦とその頭上を守るナーガの姿

仏教は釈迦《しゃか》族の王子ゴータマ・シッダールタが悟りを開き、その教えを広めたのがはじまりだ。

教えはやがて宗教となり、シッダールタは仏陀《ぶっだ》（悟った者）あるいは釈迦と呼ばれるようになった。

そして、その生涯も伝説に彩られた。その伝説に、竜がいくたびも登場する。

釈迦は四月八日、ルンビニー（現在のネパール南部）の王宮で生まれた。その誕生を祝って、天から二頭の竜が甘露《アムリタ》を降らせたという。四月八日には日本の寺でも甘茶をふるまうが、それはその故事に習ってのことだ。

釈迦は成人して結婚をし、息子をひとりもうけるが、人生への悩みは消えない。

人はなぜ、生まれてくるのか、なんのため

に生きるのか、そして生きる苦しみから逃れるためにはどうすればいいのか。その答えを探すために、釈迦はすべてを捨てて修行の旅に出る。インドを放浪しながら断食をしたり、苦行を重ねたりするが、答えは見つからない。

肉体を痛めつける修行に疑問を感じた釈迦は、森で瞑想に入った。何日も何日もただ座って、瞑想を続ける。

そして、釈迦はついに悟りを開いた。そのとき、悟りにいたる釈迦の頭上を、竜が覆いになり、降る雨から守っていたという。

釈迦の教えはその後、人々から受け入れられ、元からあったバラモン教の神々が組みこまれていった。

ナーガも竜として、護法善神に加わる。だが、やがてインド国内では、バラモン教から発展したヒンドゥー教が力をつけはじめた。仏教はその波に呑みこまれてゆく。むしろ伝播した先の周辺諸国で、隆盛になった。

インド仏教の原型が残ったのは、南インドの沖に浮かぶ島スリランカだ。スリランカでは仏教とバラモンの神が融合した形で広まり、そのまま現在まで続いている。

スリランカでも、ナーガは仏教の守護善神だ。が、仏教以前から魔除けの神であった。

スリランカは今日、最も敬虔な仏教国のひとつだが、ナーガ信仰も生活のなかに深く生きているのだ。

56 インドの巨大霊蛇〈ナーガ〉は中国で「竜」となった!

竜は釈迦の教えに帰依して、仏教徒になったといわれる。

仏教が生まれる以前、インドにはバラモン教と呼ばれる宗教があった。そのバラモンの教典のなかに、ヴィシュヌ神を守った「シェーシャ竜」やクリシュナに退治された「カーリヤ竜」が語られる。

しかし、ナーガ信仰は、バラモン教以前からあった最も古い信仰だと考えられている。アーリア人が北から流入してくる以前、インドにはアジア系の人々がすでに住んでいた。インダス文明を築いたのは、この人々ではないかと考えられている。

そのアジア系の人々のあいだに、すでにナーガの信仰があったといわれる。インドにはコブラなどがいたから、蛇が怖れられ、崇められていた。川や森には大蛇もいたらしい。

そうしたナーガ信仰とバラモン教がとけあい、多くの神々が生まれた。そしてその後、仏教が誕生し、ナーガや神々がとりいれられてゆく。

しかし、仏教ではすべての存在が平等である、と教えるから、頂点に立つ神という考え方はない。インドの神々は明王や天などと呼ばれるようになった。よく知られる不動明王や吉祥天などがそうだ。また、二十八部衆や十二神将などの存在もある。観音や如来などに仕《つか》える眷属だ。

そうした眷属のなかに〈天竜八部衆〉と呼ばれる存在がある。竜はそのなかに含まれている。

天――天部と呼ばれる神々で、帝釈天、弁財天、大黒天、吉祥天、毘沙門天、四天王、摩利支天、韋駄天など、多くの神々が含まれる。梵《ぼん》語では天部をデーヴァと呼ぶ。

竜――梵語ではナーガ。竜にもいろいろあるため、総称して「竜部族」と呼ばれる。仏教の守護善神としては、とくに八大竜王（後述）が有名だ。

夜叉《やしゃ》――梵語ではヤクシャ。空を飛ぶ鬼神で、人に害をなす悪鬼だったが、仏教に帰依《きえ》して護法善神になった。

阿修羅《あしゅら》――梵語のアスラは悪鬼の総称だった。アスラは自分だけが正しいと思い、他のすべてに対して戦いを挑みつづけていた怒りの悪鬼だった。が、仏教に帰依してからは正しい知恵をもって、悪い者に対してだけ戦うようになったという。

そのほか、乾闥婆《けんだつば》、迦楼羅《かるら》、緊那羅《きんなら》、摩睺羅伽《まごらが》などがいる。

ナーガは仏教とともに中国に伝わり、竜と訳された。中国古来の竜に仏教の神聖さが加わり、よりレベルアップしたのである。そしてその竜が、仏教とともに朝鮮半島や日本に伝わってゆく。

57 お寺の天井に竜が描かれているのは、なぜか?

日本に仏教が伝来すると、その教えに帰依した権力者たちが、次々にお寺を建てるようになった。そこには中国や朝鮮半島を経由してきた思想や様式が、そのまままとりいれられていた。竜も忘れ去られることなく、そのなかに生きていたのだ。

日本のお寺の天井には、よく竜の絵が描かれている。ただの装飾と思われがちだが、そこには、ちゃんとした思想が隠されている。

竜は仏教を守る役目をしている。さらに仏教でも、竜は水神として海底の竜宮に棲む、という話が伝えられている。日本や中国に広まった「竜宮」という発想は、実はインドから伝わってきたものだった。

インドでも、竜は雨を降らせたりやませたりする力がある、と信じられていた。それが仏教と結びついたとき、竜にあらたな仕事が増えた。それは〈法の雨〉を降らせるというものだ。法とは仏法のことだ。

お寺のなかでも、いくつもの堂があるところでは、竜は法堂《はっとう》に描かれることが多い。法堂は仏教の勉強をする場所で、若い僧侶が学ぶ場所だ。

仏教の教えがよく身につくように、深く学べるように、竜が〈法の雨〉を降らせる、という考え方がそこにある。

お寺の天井や壁に竜を描く、というのは中国でも行なわれていたことだった。これは大仕事なので、へたな絵師には頼めない。しかし、うますぎて竜が逃げてしまったという話もある。

紀元数世紀のころ、梁《りょう》の国（現在の南京）に、張将軍という軍人がいた。張将軍は絵もじょうずで、画家としても有名だった。とくに竜の絵では右に出る者がないという評判だった。

その張将軍が、頼まれて安楽寺の壁に竜の絵を描くことになった。張将軍は、四頭の竜を描く。それはまるで生きているようで、息をのむ迫力だった。

しかし、よくよく見ると、それらの竜には目が描かれていない。見た人は不思議に思って聞いた。

「先生、なぜ、睛《ひとみ》を入れないのですか」

張将軍は答えた。

「これはただの絵ではない。睛を描けば命が入って、空へ飛んでいってしまうのじゃ」

周囲の人々は大笑いする。

「いくらなんでもそこまでは……」

腹を抱える彼らを見て、張将軍は絵筆をとった。二頭の竜に睛を描き入れる。すると、たちまち空に雷が鳴りだし、雨が降りはじめた。ざわめく人々の目の前で、二頭の竜が動きだす。そして、壁から抜け出すと、天へと昇っていってしまったのである。あとには睛のない二頭の竜が残るばかりだった。

この故事は「画竜点睛」「画竜点睛を欠く」という言葉を生んだ。「画竜点睛」とは、最後に少しの手を加えることで物事を完成させる、あるいはすばらしくする、という意味。「画竜点睛を欠く」というのは、完璧にあと一歩たりない、全体はいいのに何かひとつが欠けている、という意味だ。竜は全体の姿がすばらしいだけに、欠けた一点が目立つのである。

58　竜の持つ〈宝珠〉には神秘の力が宿っている！

天井画の竜もそうだが、竜はだいたいが球を手に持ったり、くわえたりしている。宝の珠《たま》、宝珠だ。この珠には超常的な力があり、竜にとってもなくてはならないものだ。

竜がいつから珠を持つようになったのかはわからない。先に挙げた「九似説」をはじめ、竜のだいたいの形ができあがったのは、紀元一〇〇年ごろの漢時代だといわれている。しかし、そのころの記録には、まだ珠は出てこない。竜が宝珠を持つようになった年代は不明だ。しかし、少数民族の民話などにも竜の珠は登場するから、広い地域で語られていたことは確かだ。

少数民族のチワン族には、竜の〈夜明珠《やめいじゅ》〉を取りに行く物語がある。〈夜明珠〉は竜宮の金庫にしまわれている珠だった。

あるところに、遊び好きの兄とまじめな弟がいた。二人が川で漁をしていると、鯉がかかったが、弟はそれを逃がしてやった。その晩、弟の夢に、鯉が娘の姿になって現われる。「私は助けてもらった鯉ですが、実は竜王の娘です。あなたの妻にしてください」

その夢を話すと、兄は「それなら自分が結婚してやろう」といいだした。二人で川に行くと、娘が現われた。

「それなら、夜明珠を取ってきてくださったほうと結婚しましょう」

そういって銀のかんざしをそれぞれに手渡す。そのかんざしをかざすと、水のなかに道ができるというのだ。

兄は川上へと進んだ。するとそこでは洪水が起き、老人が途方にくれていた。そして、兄に竜宮から〈金のひょうたん〉を取ってきてくれ、と頼む。それで水をくめば、洪水が収まるというのだ。兄は竜宮にたどり着き、宝物庫を探し当てた。なかに輝く珠があったので、それだけを取って、地上へと戻った。

いっぽう、弟は川下へと下っていった。するとそこでもやはり洪水が広がっていた。そしてそこにいた老人に〈金のひょうたん〉を頼まれる。

弟も宝物庫にたどり着き、そこで〈金のひょうたん〉を見つけ出す。しかし、珠を探しているうちに誰かに見つかりそうになったため、地上に戻る。とりあえず持ってきた〈金のひょうたん〉で水をかき出すと、ひどかった洪水がみるみる引いていった。そして、干上がったところに一頭のアザラシが残された。人々はアザラシを捕まえて殺し、その肉をみんなで食べることにした。分け合っていると心臓から黒い珠が出てきたので、それはひょうたんのお礼にと弟に贈られた。

珠をくわえた竜（江ノ島弁天橋）

兄は先に戻っていたが、娘は現われない。遅れて弟が家に帰ると、川辺に娘が姿を見せた。兄が珠をかざすが、それはなんの変化も見せない。弟が珠を出すと、それはたちまち光り輝いた。それが〈夜明珠〉だったのだ。〈夜明珠〉は竜の心臓でもあった。実は殺されたアザラシは竜王の息子で、〈夜明珠〉を盗み出し、妹に追われていたところだったのだ。その後、弟は娘と結婚し、兄はこっそりと去っていったという。

〈夜明珠〉は、夜のような闇でも明るく照らす力をもつといわれる。竜の珠にはさまざまな話があって、そのほかにも次のような力があると伝えられている。

［雨を降らせる］

［洪水を収める］

［嵐を鎮める］
［雷を起こす。雷をよける］
［火を呼ぶ。火を避ける］
［竜宮の扉を開ける。竜宮に入ることができる］
［竜族でも地上で息ができる］
［財宝が手に入る］
［身体の障害が治る］
［口に入れておけば死んでも生き返る］
［なんでも願いごとがかなう］
まさに神の力をもつ奇跡の珠といっていい。竜が竜神として崇められるのは、珠のおかげともいえるのだ。

59 竜は雨を降らせ、水を治める！

竜の力としていちばん有名なのは、雨を降らせるというものだ。これはとくにオリエントやアジアに伝えられてきた竜の神秘力だ。

雨を降らせるだけでなく、雨をやませたり、洪水を引かせたり、海や川を鎮めたり、と水全般に力を発揮する。

中国でも、水を治めることは皇帝の大きな仕事だった。水を治める者が国を治める、といわれたほどである。

しかし、いつでもうまくいくわけではない。八世紀の玄宗皇帝の時代、都の長安は大干魃に見舞われた。

このころには竜に雨乞いすることがすっかり慣習となり、土で竜を作って祈ることが行なわれていた。さら雨乞いのための竜の絵も描かれるようになり、絵の前で雨乞いの祈禱もされた。が、この大干魃のときには、何をやっても効かなかった。

困りきったあるとき、あるひとりの絵師の名があがった。宮廷画家で、竜を専門に描くことで知られる馮紹政《ふうしょうせい》だった。

なにしろ紹政は竜以外のものは描こうとしない。雨乞いの竜を描いてもらうにはぴったりではないか、と意見がまとまったのだ。

紹政はそれを受けて、宮廷内の竜池に赴いた。池の畔に建つ建物の壁に、それぞれ四頭の竜を描くことにしたのだ。

絵筆は進み、それぞれの竜に色が入る段階になった。すると、絵が進むにつれて、竜の周囲に雲が湧いてくる。ウロコがまるで濡れているかのように、水気も帯びはじめた。完成が近くなったとき、竜は突然、身体をくねらせた。人々が見守るなか、壁を飛び出すと、池のなかへと飛びこんだのだ。

空はにわかに曇り、雨雲が広がった。またたくまに大雨が落ち、大地に水しぶきがあがったという。

また、北方アジアのトゥヴァ族には、天に棲む「ルー」という竜の話がある。ルーが叫べばそれが雷鳴になり、しっぽを振れば稲妻になるという。大雨や洪水も、ルーが空であばれるせいで起こるといわれていた。

竜と水を結びつける話は、世界の各地に無数にある。竜は災害を鎮める自然神として、人々に崇められてきたのだ。

60 竜の血は王を生み出す！

中国には「竜の血を引く」といわれる人物が数多くいる。とくに王や権力者に多い。中

関帝（関羽）とその背景に描かれた竜。王には竜がつきものだった
（横浜中華街関帝廟）

国初期の炎帝（神農）も、そのひとりだ。

神農の母は女登《じょとう》といった。

ある日、この女登が竜を身体で感じとった。そして、その直後、妊娠したことに気がついた。こうして、月満ちて生まれたのが、ひとりの男の子で、成人して炎帝となったという。

［女登は神竜を感じて炎帝を生んだ］

そう歴史書に記されたのである。

だが、こうした例は、のちの世にも生まれる。身分の低い人物が高い地位に昇ったとき、箔をつけるために「竜の血を引く」といいだすのだ。竜は王の象徴でもあったから、竜の血を引くということは、王の血統ということになる。

中国においては、王は竜と深くつながっている。中国の基礎を築いた黄帝《こうてい》は、その最初の存在だ。

黄帝の場合は、炎帝よりもさらにスケールが大きくて、母が感じたのは宇宙だった。

［附宝《ふほう》は北斗を感じて黄帝を生んだ］

と記されている。

黄帝の母である附宝は、天の北斗七星を感じて息子を妊娠したという。

父親は宇宙の星ということだ。

黄帝は長じて国を興し、発展させ、さまざまな偉業を成し遂げた。

未来を予知する力をもち、鬼神を使役することも得意だった。そして最後には、竜の背に乗って空に帰ってゆく。それは河南省の洛陽の都でのことだった。

黄帝は大きな鼎《かなえ》を作っていた。鼎というのは祭儀などに使う三本脚の鋳物で、できあったばかりのときには黄金色に輝く。王の権力の象徴でもあった。

黄帝はみずから死期を悟り、鼎を作ったのだ。それが苦労の果てにできあがったときだった。

［天から一頭の竜が、迎えに降りてきた。黄帝は竜の背中にまたがり、親族や側近数十人もそれにつきしたがった。それ以外の者たちは黄帝の弓や竜のひげにつかまってついていこうとしたが、弓は落ち、ひげも抜けて、人々も落ちてしまった］

黄帝は生前、自ら竜に姿を変えることもあったという。

中国では、王以外にも、竜の血筋を誇る人は多い。祖先は竜王だった、何代前の母が竜だった、あるいは父が竜だった、という言い伝えが家に伝わっているのだ。身分制度のなくなった現在でも、そんな血筋の話は消えていない。

61 朝鮮王家にも残る〈竜の血筋〉

朝鮮半島にはいくつもの国が栄え、滅んだが、そのなかに新羅《しらぎ》の王朝があった。その王家は、竜の血を引くという。

新羅の阿珍浦《アチンポ》という海辺の町に、ひとりの老婆が暮らしていた。ある日、海岸に一艘《そう》の船が漂着しているのを見つけ、引き寄せてみた。船には大きな箱が積まれている。おそるおそる開けてみると、なかに入っていたのは、美しい少年と七つの宝、そして何人かのしもべだった。

「私は竜城国の王子です」

そう少年は語った。その話によると、国には二十八の竜王がいて、誰もが人間の母から生まれたという。少年の父である竜王も、周囲と同じように人間の王女を后《きさき》にもらった。しかし、いつまでたっても男の子が生まれない。男児を授かるよう、天に祈りはじめて、七年がたったとき、后は妊娠した。しかし、生まれたのは大きな卵だった。

人間が卵を産むことはありえない。父の竜王はそれを不吉の前兆ととらえ、卵を箱に詰めこんだ。七つの宝としもべも入れ、船に乗せて海へと流したのだ。

「箱のなかで卵からかえったのが私なのです。父は縁のある土地に着いたら、そこで国を興し、家を建てるよう、心に念じてくださいました。海を漂っていると、突然、赤い竜が現われて、船を守り、この地に導いてくれたのです」

少年はやがて王家に迎え入れられ、次の王位についた。新羅第四代の脱解王《だっかいおう》だ。脱解の文字は、卵からかえったことを意味すると伝えられている。

新羅には、ほかにも竜王の息子を臣下にもらった、という話がある。憲康大王（フォンカン）が東海（日本海）を船で遊覧していたときのことだ。突然、雲と霧が立ちこめて、視界がふさがれた。大王はそれが竜王のしわざだと気づき、竜王を祀る寺院を建てることを約束する。するとたちまちに霧が消え、視界が晴れ渡った。

竜王は七人の王子を連れて姿を現わし、大王をたたえて舞い踊る。そして王子のひとりを献上して、海へと帰っていった。

大王は竜王の王子を都に連れて帰り、臣下として政務を執らせることにした。王子は有能で、みるみる昇進し、位を上げていったという。

大王と竜王が約束を交わし、雲が消えた場所は、それ以降、開雲浦《ケランポ》と呼ばれるようになった。

仏教の信仰が篤い朝鮮でも、竜は神聖視され、祀られている。王の血筋に竜がとりいれられたのは、関係の深かった中国の影響によるものにちがいない。

62 いまも風水に生きる〈竜脈〉と〈竜穴〉とは？

「風水」は中国で生まれた気学の一種だ。自然の気の流れを読み、都市や町、家の建築に活用するものだ。

風水の言葉のなかに〈竜脈〉と〈竜穴〉というのがある。

〈竜脈〉というのは、強くよい気が流れるラインだ。よい気はよい方角の山から流れ、町を通過してゆく。竜脈の流れるところは、その流れを遮断しないように、建物を建てないのが普通だった。香港で高層ビルが建つようになったときにも、竜脈にあたる部分には、ビルに穴を開けることが珍しくなかった。竜脈をふさぐと、そこに住む人も町全体も、運気が落ちるといわれている。

〈竜穴〉のほうは、よい気が吹き出る場所だ。気は土の下にも通っていて、それが地上に吹き出すところがある。池や湖、川などにも多い。それがよい気の穴〈竜穴〉と呼ばれるものだ。現代ではエネルギー・スポットと呼ばれる場所だ。かつては神社も竜穴の上やそのすぐに近くに造られていたという。竜穴から吹き出るよい気が、神とされたのである。

風水は日本でも盛んに用いられ、奈良や京の都の建造に活用された。江戸でもそれは用いられ、江戸城にも風水が活かされている。東に大手門という正門を作ったのもそうだし、北東の平川門を不浄門としたのもそうだ。江戸城内で命を落とした死者は、すべてこの鬼門の平川門から外に出された。

また、江戸城から見て北東に位置する上野に寛永寺を築いたのも、九段に靖国神社を造営したのも、風水による。お寺と神社を鬼門の方角に置き、都を守る、という考え方だ。

風水思想は一般家庭にも導入され、門の向き、入り口の向き、火や水の配置など、あらゆる点で生かされるようになった。現在も尊重されている〈家相〉だ。

しかし、現代の日本では、大きな規模での風水は忘れ去られている。高層ビルが建ち並び、竜脈を遮断してしまっているからだ。また、大地もアスファルトで覆い竜穴もふさいでしまっている。

昔は、大工は気を読みながら家を建てる、といわれていた。とくに宮大工は気を読む能力が高かったといわれる。いまでも気を読むことのできる宮大工は、東京の町に立つと溜め息をつくという。高層ビルが竜脈を遮断し、あらゆるところで気の流れが乱れているというのだ。

竜脈も竜穴も、竜のもつ勢いと陽《よう》の強さから生まれた単語だ。竜は最もよい気を表わす言葉として、選ばれたのである。

63　竜は魔をしりぞけ、運気を上昇させる！

竜は、お寺や神社、そして城などのいたるところで目にする。竜には魔をしりぞける力がある、と信じられているためだ。

ヨーロッパにおいても、竜は悪魔でありながら、魔を寄せつけないといわれてきた。弱い魔は強い魔にかなわないからだ。

しかし、アジアでは、竜は悪魔ではないから、純粋に退魔の力として考えられている。

神としての光の気が、魔をはねのけるのだ。門や玄関に竜がいるのは、魔が入らないための守護だ。

竜を服飾に用いるのも、守護の力、そして勝つ力を願ってのことだった。日本の武士は鎧甲や衣装、刀などに竜の紋様をよく取り入れていた。これは不運や相手から身を守る、というお守りの役目も果たしていた。また、戦のときには相手に勝つ、という運気上昇の目的もあった。

竜には運を高める力がある、ともいわれている。天に昇る姿が、運気上昇を思わせるからだ。加えて、ありがたい力をふんだんにもっている。その力を分けてもらえれば、人の運もよくなる、と考えたとしても不思議はない。そして、それを納得させるような竜の不思議な話が、日本には多く語り継がれているのだ。

第7章　日本全国にいまも伝わる〈竜の神秘力〉

64 富山県にいる不思議な〈水噴き竜〉とは？

日本には竜の不思議な話がたくさんある。伝説や伝承だけでなく、竜にまつわるモノが残っているところも少なくない。

日本海に面する富山県魚津市の古刹・桃原寺には、約三メートルの大きさを誇る竜の彫刻がある。この竜は江戸時代の初めに活躍した彫刻の名人・左甚五郎の作だともいわれている。

江戸時代には、この竜が動きだす、という騒動が起きた。竜は本堂の高いところにあるのだが、夜になると動きだして、お寺から出ていってしまう。そして、近所の田を荒らしまわったのだ。村では大騒ぎになった。

初めはまさか、彫刻の竜がやっていることだとは誰も思っていなかった。しかし、どうも竜が荒らしているらしい、という噂が広まる。そして、ある日、彫刻の竜に泥がついているのが見つかった。どうやら夜になると生きた竜になり、朝がくるとまた彫刻に戻るらしかった。

「これ以上荒らされてはたまらない」

村人と住職は、その竜を縛りつけることにした。身体をシュロの網で覆ってまわりの彫刻に固定し、口を五寸釘で打ちつけてしまったのだ。それ以来、抜け出して暴れることはなくなったという。

だが、抜け出すくらいのことをする竜だから、命があることはまちがいない。縛りつけられたあとには、その場にいながら不思議な現象を起こすようになった。水を噴くようになったのである。

近隣で火事が発生するときには、この竜はそれを予知するらしかった。竜がいる本堂の柱や梁から水がしたたり落ち、仏具や畳までがびっしょりと濡れてしまう。それが竜の口から出ているところまでは目撃されていないが、ほかに水の出るところはない。

昭和十八年には、やはり本堂に水がいっぱいにしたたり落ち、

「火事が起こるのではないか」

と、危惧された。

すると、まもなく近くで火事が発生し、二五〇戸もの家が焼ける大火災になったという。

こうした不思議な現象から、この竜は〈水噴き竜〉と呼ばれるようになり、人々に語り継がれている。

65 富山県――身体に竜のウロコ三枚がある娘の謎

富山県には竜にまつわる話が多い。なかでも独特なのが、生まれつき竜のウロコが身体にあった、という娘たちの伝説だ。

能登半島のつけ根に位置する小矢部《おやべ》市には、昔、宮島村という村があった。そこを流れる川には竜宮ヶ淵と呼ばれる淵があり、水底には竜神の棲む竜宮があるのだと伝えられていた。

あるとき、そこからほど近い町の大きな造り酒屋で、ひとりの娘が生まれた。かわいい娘だったが、生まれたときから脇の下に三枚のウロコが生えていた。母親はすぐにそれに気がついたが、そのことは誰にもいわずに心にしまっていた。ウロコ以外にはなんの問題もなく、娘はすくすくと成長したのである。

大きくなって遠出をするようになり、娘は家の奉公人といっしょに、竜宮ヶ淵へ遊びにいった。淵からは青く澄んだ水が下に見える。

「喉が渇いたから水が飲みたい」

娘は奉公人の女性にいった。どこかに飲める水はないか、と奉公人は清水を探す。と、淵から大きな水音が鳴り響いた。あわてて戻った奉公人が見ると、娘の姿がない。落ちたのか、と大騒ぎをしていると、水のなかから、大蛇が現われた。そして、自分は、いま、身を投げた娘だという。

「私はもともと、この淵に暮らしていたのです。ここに来て水を見たらすっかり恋しくなってしまったので、前の姿に戻ります」

そうして水の底に姿を消していった。

戻ってきた奉公人からその話を聞くと、みんなは驚いたが、母親はそれほどあわてなかった。脇の下にあった三枚のウロコのわけが、やっとわかったからだ。

小矢部市から少し北に上がったところにある高岡市にも、似た話がある。その地に高岡城が築かれたときのことだ。周囲には堀も掘られたのだが、一カ所だけ、どうしても水のたまらないところがあった。困り果てているところに、ある娘がやってきた。お光という名で、能登（現在の石川県）の輪島の船問屋甚右衛門の娘だった。

お光には生まれつき首に三枚のウロコがあった。隠してもいなかったので、竜の生まれ変わりかもしれない、と人々から噂されていた。

城見物に来たお光は、堀に近づき、そこに水がないことに気がついた。すると、その堀のなかに飛びこんだのである。地面からたちまちに水が湧きあがり、堀いっぱいに水が広がった。お光を知っていた人たちは、「やはり」とうなずきあったという。

66 岐阜県――夜叉ヶ池の竜神はいまも力を秘めている？

岐阜県の揖斐川村《いびがわむら》に、夜叉ヶ池《やしゃがいけ》と呼ばれる美しい池がある。山を少し登った、緑に囲まれた場所だ。

弘仁八年（八一七）の春、山のふもとの村々では、雨が降らずに困りはてていた。一帯を治める安八太夫安次《あんぱちだゆう》は、ひからびた農地を見まわりながら、肩を落とすばかりだった。

ふと足下を見ると、小さな蛇がいる。

「やれやれ。蛇は水神さまのお使いだというがのう。もしもおまえが雨を降らせてくれでもしたら、うちの娘を嫁にやるものを」

安次は溜め息をつきながら、神戸村《ごうどむら》の家へと帰っていった。

その夜、突然、雨雲が広がり、にわかに大雨となった。枯れていた田にも水が入り、緑が生き返ったのだ。

喜んでいると、安次の前にひとりの青年がやってきた。

「約束どおり、娘さんをいただきたい」

それは昨日の蛇だったのだ。聞けば、山の池の竜神が姿を変えていたのだという。安次は驚き、軽はずみにいった自分の言葉を後悔した。

安次には三人の娘がいたが、その話を聞いて、誰もがいやがった。が、二番めの娘・夜叉姫は「私が行きましょう」と、立ち上がった。

娘は嫁入り道具として機織り機をもらい、青年のあとについていった。家族は泣きながら、娘を見送るばかりだった。

池に向かった竜神と娘は、途中、日が暮れてしまったために、一軒の家に泊めてもらうことにした。その家の者が、夜、こっそりと二人の寝ている部屋を覗くと、なかには大きな蛇がいっぱいにとぐろを巻いていたという。

翌朝、人の姿に戻った竜神は、泊めてもらったお礼にと、扇子と竹のムチを置いて出た。扇子で空を仰ぐと、雨雲が湧き、ムチで地面を叩くと雨が降るという不思議なものだった。その後、その二つは長くその家に受け継がれ、何回も雨乞いに使われたという。じっさいに雨が降ることで、宝とされていたが、のちに火事で失われたといわれる。

竜神と娘は、山の池に着いたものの、ひとつ、問題があった。竜神には大蛇の正妻がいたのだ。正妻は娘に嫉妬し、岩を落として殺そうと考えた。が、それを知った竜神は怒り、逆に大蛇の妻を岩の下に封じこめたのである。娘は竜神と仲よく暮らすことができた。

自身も竜神となった娘は、水の底で、機を織って暮らしているという。

池には機織り道具の形をした岩がいくつもあり、それらは神聖なものとして、村人は絶対に手を触れない。

娘を嫁に出したあと、安次はときどき、池を訪れては、おしろいや櫛、口紅、酒などを池に投げ入れた。安次が死んだあとも、それは代々子孫に受け継がれ、とくに、旱《ひで》りが続いたときには、それが雨乞いとして行なわれた。

安次の子孫は代々、石原伝右衛門という名を継ぎ、夜叉ヶ池のお祀りを続けている。夜叉姫と安次を祀った夜叉堂もあり、毎年八月十六日には竜神祭を催し、池での神事も欠かさない。千年以上たった今日でも、夜叉竜神となった姫へのおしろいや紅が、池に捧げられているのだ。

67 日本人の生活にも密着した〈竜の九通りの息子たち〉の性格とは？

男性の竜が人間の女性と結婚する話は多い。竜も結婚して家庭をもつのだ。

日本の竜にも翼をもつタイプがいる。成田山新勝寺の竜

竜の妻が同じく竜の場合もある。その場合は、竜女と呼ばれる。娘もやはり竜女と呼ばれるから、竜女は竜部族の女性一般をさすと考えていい。人間の女性が竜と結婚すると、やはり竜女になる。

竜の子供が息子だった場合には、どうなるのか。男子だったら竜子と呼ばれる。中国では昔から、竜は九頭の息子をもつ、と言い伝えられてきた。その九頭の竜子は、それぞれ性質が違い、いい竜も悪い竜もいることから、［竜にも九通りの竜子あり］という言葉が生まれた。人間の子供にしても、同じ親から生まれても、優等生もいれば不良も出る、という意味だ。

では、竜の九通りの息子たちは、それぞれどのような性格をもつのだろうか。日本に伝わって広まったのは、次のような内容だ。

一番めの子＝浦牢《ほろう》――鳴くことが大好きな竜。お寺の鐘には、竜頭と呼ばれる飾りがついているが、それがこの浦牢だ。

二番めの子＝囚牛《しゅうぎゅう》――音楽が好きで、音の出る鳴り物も好む。鼓や琴などの楽器についている飾りの竜が囚牛だ。

三番めの子＝蚩物《せんぷつ》――飲むことが大好きな竜。杯や椀などの飲器につく飾りがこの竜。

四番めの子＝嘲風《ちょうふう》――高いところや険しい場所が好きな竜。寺院や城の屋根飾り、瓦などに用いられる。

五番めの子＝睚眦《こうせい》――殺すことが好きな竜。そのため、刀や武具の飾りにつける。

六番めの子＝負屭《ふさ》――文章を書くことが好きな竜。印材の飾りや文具にあしらう。

七番めの子＝狴犴《ひかん》――訴訟が好きな竜。裁きを行なう人などに好まれる。

八番めの子＝狻猊《しゅんげい》――獅子のこと。竜は獅子の姿になるともいわれる。獅子舞が竜の舞といわれることもある。

九番めの子＝覇下《はか》――重い物を背負うことが好きな竜。鼎《かなえ》や石碑、寺院の火鉢などの脚として支えている。

以上のように、ひとくちに竜といっても、いろいろな性格があることがわかる。子供数はもっと多い場合もあり、大家族をもつ竜も少なくない。さらにそれぞれの一族をもち、そのなかで最もえらい竜が、竜王と呼ばれるのだ。

68 鳥取県――魚を捕ってはいけない〈竜神の棲む池〉

竜神は大家族なので、ときどき子供を人間にも分けてくれる。竜神を祀る祠に子供を授けてくれるように祈って、本当に子宝に恵まれた、という話が全国にある。しかし、そうして生まれた子供のなかには、水のなかに戻ってしまう子も少なくない。

鳥取県には山岳信仰で有名な伯耆大山《ほうきだいせん》という霊山がある。修験者の集まる霊山には、天狗や竜神が棲むといわれ、大山もまた竜神の山として知られていた。大山の神社には、古くから竜神の祠があったという。また、山のふもとには赤松池と呼ばれる池があり、そこにも竜神が棲むと伝えられていた。この池の畔には、池神社という祠も建てられていた。

大山には周囲の町から人々がお参りにやってくる。そのなかに松江の町に住む夫婦があった。結婚後ずいぶんたっても子供に恵まれないので、子宝を授かるようにと、大山と池神社にお願いをしに来たのだ。

やがて、願いがかなって妻が妊娠し、女の子が誕生した。女の子はすくすくと成長し、年頃の娘になった。ぶじに育ったお礼をしてくるようにと、両親は娘を大山へと送り出す。乳母といっしょに大山に行った娘は、ふもとにさしかかると「赤松池が見たい」といいだした。池神社にもお参りするようにいわれていたから、二人は駕籠から降りて池の畔に立った。

すると、娘はそのまま池のなかに飛びこんでしまう。乳母が驚いて名前を叫ぶと、水のなかから大蛇が姿を見せた。そして、別れを告げると、水のなかに沈んでいったという。

この最後の部分は、富山県のウロコのある娘の話と似ている。だが、神様にお願いして子供を授かったというこちらのパターンのほうが、全国的には多い。子供は女の子が多く、蛇身となって、水のなかに戻ってしまうのだ。

赤松池は、昔からこのような話が伝わるだけに、神聖な竜神の池として敬われてきた。この池では、けっして魚を捕ってはいけない、ともいわれている。

竜が池や湖の王であるならば、そこに棲む魚は竜王の民ともいえる存在だ。竜神が棲むといわれる池や湖では、禁漁になっているところが多い。魚を捕ったりすれば、竜神の罰《ばち》が当たる、といわれる。

東京都練馬区石神井《しゃくじい》にある三宝池も、主が竜神であるため、魚を捕ると祟りがある、といわれてきた。同じような言い伝えのある池や淵は、全国に無数にある。それは竜神の棲む池が無数にある、ということにもつながっている。

69　福島県――わざと竜神を怒らせて雨を降らせる〈竜の剣堀〉

竜神の棲む池には、してはいけないというタブーがいくつかある。多いのは魚などを捕ってはいけない、石を投げてはいけない、人が入ってはいけない、そして金属を投げ入れてはいけない、というものだ。

竜は鉄などの金属を嫌う、と昔から言い伝えられてきた。〈金物忌《かなものい》み〉という。蛇も金属を嫌う、といわれているので、そこからきた言い伝えだと思われる。だが、なぜ、蛇や竜が金属を嫌うといわれるのかは、わかっていない。

これらのタブーを犯すと、一般的に祟《たた》りが起きる、といわれている。それを行なった人が病気になる、というもの、水のなかに引きずりこまれる、というもの、竜神が怒って雨を降らせたり嵐を呼んだりする、というものなどだ。

とくに最後の祟りは、逆に利用されることもあった。雨が降らずに困っているときに、わざとタブーを犯すのである。

福島県の猪苗代町には、中津川という川があり、水辺の岩に〈竜の剣堀〉と呼ばれる穴がある。そこにはいつでも水がたまっていて、旱《ひで》りのときにも枯れない。竜神の開けた穴、といわれていた。

その水たまりは神聖視されており、石や物を投げ入れることは固く禁じられていた。子供のいたずらも厳禁だ。

しかし、あるとき、「石を投げ入れろ」という命令が下されたことがあった。江戸時代、天明年間に大干魃が起こったときだ。

その年、長いあいだ雨が降らないために作物が枯れ、田畑もだめになりかけていた。このままでは飢饉になってしまう。窮地に陥った藩主は、〈竜の剣堀〉の話を聞き、いちかばちかの命令を下したのである。

人々が集まって〈竜の剣堀〉に石を次々に投げ入れはじめた。すると、雨雲がたれこめ、たちまちに大雨が降りだしたという。

同じようなことは、雨乞いとして、各地で行なわれていた。明治や昭和に入っても実行されたことがあり、それによって本当に雨が降ることも少なくなかったと伝えられる。

70 長野県——村を滅ぼした黒姫竜神の怒り

竜神は怒らせると祟る、といわれている。日本の神様は基本的に怒らせれば祟るが、竜神はそのなかでもとくに祟りが怖い、とされる。そんな竜神の祟りの伝説が、長野県の黒姫山にある。

長野がまだ「信濃の国」と呼ばれていたころ、小谷《おだに》城に高梨政盛という城主がおり、政盛には黒姫という美しい姫がいた。政盛は姫をかわいがり、外へも連れ歩く。ある年、東山で花見をしていたときのことだった。木陰から白い蛇がじっと黒姫を見つめていることに、政盛は気がついた。

「蛇に酒をすすめてやるがよい」

たわむれにいうと、姫は蛇に杯を差し出し、蛇もそれを口にした。

その夜、黒姫の部屋に美しい青年が訪れた。

「私は昼間お目にかかった白蛇です」

白蛇もまた変身していた仮の姿で、本当は大沼池に棲む黒竜だという。

「ぜひ、妻になってください」

真剣な黒竜の言葉に、黒姫も心を動かされた。

「では、父に正式に申し入れてください」

黒姫の返事に黒竜は頷いた。

政盛に会い、結婚を申しこんだものの、返事は迷いもない拒絶だった。竜などに娘をやれるか、と政盛の目は語っていた。黒竜はそれでもあきらめずに、百日間、毎日説得に通いつづけた。

「洪水を起こして姫をさらうこともできるのです。が、そんなことはしたくない。結婚を許してくだされば、四十八の池に棲む眷属をあげて、高梨家を守ります」

政盛は考えながらいった。

「では、明日、わしが城のまわりを二十一回、馬でまわることにしよう。それについてこられたら許そうではないか」

黒竜は喜んでその提案を受け入れた。

政盛はその夜、城のまわりの地面に、たくさんの刃を立てて埋めさせた。地面から、刀の刃がまるで草のように生えていた。

馬に乗った政盛のあとを、人間の姿の黒竜が走って追いかける。が、体力を使い、消耗した黒竜は、やがて竜の姿に戻っていた。地面を長い身体で這うと、突き出た刃が容赦なく切り裂く。全身傷だらけになり、血まみれになりながらも、黒竜は二十一回をまわりきった。約束を、と黒竜は政盛に迫る。が、政盛は口を歪めて嗤《わら》った。

「そんな醜い姿の者に、姫をやれると思うか」

そして、控えていた家臣に斬りつけさせた。

黒竜の目は怒りに燃えた。空はたちまちに曇り、風と大雨があたりを襲う。黒竜は空に昇り、すさまじい嵐を巻き起こす。荒れ狂う水が村に流れこみ、家や人々を押し流した。

「父上、あんまりです。約束なさったではありませんか。私をあの方のもとへ行かせてください」

すがる姫に、政盛はとりあおうとしない。黒姫は嵐のなかに走り出た。持っていた鏡を空高く投げ、黒竜を呼んだ。黒竜が雲のなかから現われ、姫のもとへ降りてくる。姫がその背に乗ると、二人は天高くに消えていった。そのまま投げられた鏡を追ってゆき、二人はある山の頂に降り立った。

山頂から下界を見ると、一面に水が広がっていた。小谷の城も町も何もない。水底に消えた父や人々を思うと、姫の目に涙が浮かんだ。

「父のしうちはひどすぎました。けれどここまでむごいことをせずとも――」

姫の涙に黒竜も目を濡らした。姫の真心にも打たれていた。

「許してください。もう二度とこのようなことはしませんから」
その後、二人はその山で穏やかに暮らしたという。山は黒姫山と呼ばれるようになった。

71 静岡県――いまも残る〈竜が落とした珠のあと〉

竜が人の姿に変身する話は多い。それは竜のもつ珠の力によるものだともいわれている。竜の伝承には、しばしば珠も登場する。静岡県には、竜の珠が落ちてあいた穴、というのが残っている。

奥三河の山のなかを流れる水窪川は、天竜川の支流だ。川の上流に位置する磐田郡水窪町には、竜戸と呼ばれる古くからの集落がある。

かつて、このあたりは人もほとんどいない山奥だった。そこにひとりの猟師が家族とともに暮らしていた。ふつう、猟師はひとりで山のなかに住む。家族は里にいて、ときどき帰るのだ。山は危険が多いし、山の神は女性が入ることを嫌う、と信じられていたからだ。だが、その一家はなにか事情があったのか、お杉という名の妻とキクと呼ばれる娘もともに山小屋で暮らしていた。

ある日、猟師は山のなかで蛇の子供を見つけ、遊び相手のいないキクへの土産にすることを思いついた。蛇の口から牙を抜きとると、藤のつるでしばって持ち帰ったのだ。三歳のキクはさっそく蛇を友達にした。

お杉のぐあいが悪くなったのは、その直後からだった。だんだんとやせてゆき、ついには血を吐くようになった。おまけにその血は、口から出ると、下に落ちる前に消えてしまう。

「こりゃあ、悪いもんがついたにちがいねぇ」

猟師は思い、血を吐くお杉のまわりで山刀を振りまわした。魔物は刃物を嫌うといわれるから、それで追い払おうと考えたのだ。が、振りまわす山刀が、どうしたことかお杉の腹に刺さってしまう。あわてて抜きとるが、血は一滴も出ていない。だが、腹部が切り裂けたお杉は、すでに息をしていなかった。

それから十五年がたったころ、キクは娘に成長していたが、猟師は寝こむことが多くなっていた。ときどき血を吐き、それが空中で消える。お杉のときとまったく同じだった。しだいにやせ衰え、やがて猟師も妻のあとを追った。不思議なことに、猟師の死とともに、キクが育ててきた蛇も、姿を消した。

ひとりぼっちになったキクだったが、ほかに行くあてもない。小屋でいつものように寝ていると、夢に、いなくなった蛇が現われた。

「私は山の竜であった。それなのにおまえの父親に牙を抜かれ、力を奪われたのだ」

竜はその怒りによって、両親を病気にし、死に至らしめた、と語った。

「だが、おまえには恨みはない。これからはおまえを守って幸せにしてやろう。竜の珠を落とすから、その場所に行って暮らすがよい」

翌朝、目を覚ましたキクは、外へ出て、竜の珠を探した。やがて水窪川のほとりの大きな岩の上に、光るものを見つけた。竜の珠だ。キクはその近くに小屋を建て、移り住んだのである。やがて、働き者の青年と結婚し、キクは幸せな家庭を手に入れた。家も豊かになり、代々、栄えたという。

キクが暮らしたという水窪川の近くには、竜の珠の跡が残る〈竜の石〉が残されている。

72 千葉県――手賀沼で竜に身を変えた悲劇の姫

竜が人となるのとは逆に、人が竜に姿を変える話も少なくない。

千葉県の北西部、我孫子市や柏市に挟まれたところに、手賀沼がある。この沼には昔から主《ぬし》が棲むといわれ、竜蛇や大ウナギの伝説がいくつも語り継がれてきた。そのなかのひとつに、沼で暴れた竜蛇が元は人間の姫であった、という話がある。

姫は沼のほとりに立つ我孫子城主の娘だった。藤姫という名の美しい姫だったが、さびしい心を秘めて暮らしていた。生母が早くに亡くなり、その後やってきた継母に冷たくされていたからだ。

そんな姫が、ある日、沼の対岸にある城主の息子と恋に落ちた。二人は愛し合い、城を抜け出してしばしば会うようになった。姫が小さな舟に乗り、対岸へと渡るのだ。

それを知った継母は、姫への憎しみをつのらせた。うとましい姫が、城主の息子と結婚するなんて許せない。継母は暗い心で策略を練った。

ある晩、藤姫はいつものように小舟をこぎだした。沼の半ばまできたときだ。舟のなかに水がしみこんでくる。穴が開けられていたのだ。もはや戻ることも進むこともできない。舟に水が流れこみ、姫は沼の底へと呑みこまれていった。

怒りと悲しみを抱いた姫は、水の底で竜蛇となった。そして、荒れ狂う心そのままに、水を巻きあげ、沼を荒らす。人々は藤姫の祟り、と恐れおののいた。

水害が続き、困った村人たちは、子之神大黒天《ねのかみだいこくてん》に赴いた。祟りを鎮めてくれるように、力のある法印（修験者）に頼みこむためだ。話を聞いた法印は、さっそく祈禱を開始した。

何日間かの祈禱を終えると、法印の夢のなかに、長い白髪をたらした老人が現われた。老人は藤のつるを差し出す。朝、目が覚めると、法印の手には藤のつるが握られていた。そのつるを筆がわりにして、法印は経文を書き写す。その経文を、手賀沼に投げこむためだった。

沼のほとりに立って、法印は竜蛇となった藤姫に呼びかけた。成仏を祈り、藤のつると経文を水に投げ入れる。すると、水しぶきをあげ、大きな竜蛇が姿を現わした。そしてそのまま、天へと昇っていったのである。

子之神大黒天は、いまも我孫子市寿にある。手賀沼に投げた藤のつるは、水辺に流れ着いたために、お寺の境内に植えられたという。根がつき、美しい花を咲かせたとも伝えられている。

手賀沼には、ほかにも北条家の姫が大蛇になり、僧に助けられる、という話がある。男性優位の社会だった昔は、女性は業が深くて成仏しにくい、といわれていた。が、竜蛇になった女性すら仏法は成仏させることができる、とこれらの話は強調する。手賀沼の二つの話は、仏教のありがたさを広めるための女人成仏の側面をもつものだ。

古来、日本の竜は人に害をおよぼす悪竜が多かったが、仏教によって、よい竜に変わったという話も多い。竜が宗教で重要な意味をもつのは、世界共通ともいえる。

73　京都――空海が呼び出した〈金色の竜王〉

［ときにより　過ぐれば民の嘆きなり　八大竜王雨やめたまえ］

これは鎌倉幕府第三代将軍の源実朝が詠んだ歌だ。長く降りつづき、人々が困っているために、どうか雨をやませてほしい、と八大竜王に祈っている。

雨をやませる、あるいは雨を降らせる、という願いがあるとき、竜王に祈るのが昔からの習わしだった。これは日本全国で行なわれていたことだ。

農業国でとくに米が主食だった日本では、水は命の綱だった。稲の栽培には水がなくてはならず、春から梅雨のころに雨が降らなければ、枯れてしまう。雨が不足すれば、人々は雨乞いをせずにはいられなかったのだ。

北は東北から南は九州まで、竜王に雨を願う言葉はいろいろとあった。

雨たまえ、竜王や（福島県）
弥彦山の竜王と国上山の竜と相談されて、雨さめたのむ（新潟県）
雨たまわれ竜王いのう、天は雨ではないかいな（徳島県）
大雨降らせろ、竜神なあれ（千葉県）

（『民族民芸双書雨の神』高谷重夫著・岩崎美術社

刊より）

　地方によって言葉はそれぞれで、表現や呼びかけのしかたもさまざまだった。しかし、竜王という言葉が深く浸透していたことがわかる。

　雨乞いは天皇もしばしば行なっており、平安時代、桓武天皇が僧空海に祈禱をさせた有名な逸話もある。

　ある年、すべてが焼けこげる、といわれるほどの大干魃に日本じゅうが見舞われた。国が乱れたり自然災害が起こるのは、天皇の徳がたりないため、といわれる。桓武天皇はなんとか雨を降らせようと、御所の庭にある神泉苑で雨乞いを行なうことにした。

　祈禱をまかされた空海は、壇を築き、雨乞いに入る。二十人の僧もともにその場にしたがっていた。七日間の祈禱を終えたときだ。檀上に一メートル五〇センチほどもある竜蛇が現われた。その胸もとには小さな金色の蛇がいる。金色の蛇は、竜蛇から離れると、神泉苑の池のなかに飛びこんだ。

　そのようすに小さな声があがったが、ほとんどの人は無反応だった。その竜蛇と金色の蛇は、空海と四人の力のある僧にしか見えていなかったのだ。

　金色の蛇が池に飛びこむと、たちまち空が暗くなった。雨雲がみるみる広がり、雨が降りだしたのだ。雨は国じゅうに降って、干魃から解放されたという。

蛇を見ることができた僧は、空海にその正体をたずねた。空海は金色の蛇は〈善女竜王〉だと答えている。

このときの雨乞いの儀式と祈禱は、空海から僧たちに受け継がれた。以降、雨乞いが必要になると、その後継者たちによって行なわれたという。

74 滋賀県——竜の天敵〈大ムカデ〉を倒して宝をもらった武士

竜神はほぼ無敵と思われているが、実は天敵がいる。大ムカデだ。

滋賀県の琵琶湖は、いちばん南から宇治川に流れこむ。その広い河口には、昔から瀬田の唐橋と呼ばれる橋があった。東海道でもあり、京都への玄関だ。そして、その唐橋の下には、竜神が棲んでいると伝えられていた。

それは承平の時代（九三〇年代）、唐橋をひとりの男が渡っているときだった。橋の上に六〇メートルほどの竜蛇が横たわっているのに出くわしたのである。男の名は藤原秀郷《ふじわらのひでさと》。平将門を倒した豪傑であった。

竜蛇の頭には木のように伸びた角が生えており、赤い目はこうこうと光っている。だが、秀郷は足を止めることもなく、悠然とその身体を踏み越えていった。

橋を渡り終えると、秀郷の目の前にひとりの男が立ちはだかった。

「私はこの橋の下の竜神である。二千年ここに棲みつづけているが、そなたのような勇気のある男は初めてだ」

秀郷は乗り越えてきたばかりの竜蛇が、この竜神であったことを悟った。

「その勇気を見こんで頼みがある。実は私には長年戦っている敵がおって、これがなかなか強くて手を焼いておる。そなた、討ってくれまいか」

豪放な秀郷は、ためらいもなく承知した。すると、竜神はすぐに琵琶湖の底へと秀郷を案内した。

水の下には竜宮があり、竜や魚の仲間が秀郷を歓迎する。手厚いもてなしを受けていると、夜も更けていった。やがて、竜宮がざわめきだした。まもなく敵のやってくる時間だという。秀郷は三本の矢を持って、立ち上がった。

水のなかに轟音が響き、不気味な光が近づいてくる。二列に並んだ数千もの灯だ。巨大なムカデが、無数の足にたいまつをもってやってきたのだった。

秀郷は勢いよく矢を放った。が、堅い眉間にはじき返される。二本めもやはり、むだになった。残り一本を見つめると、秀郷は矢に唾をはきかけた。それを放つと、今度は大ムカデの眉間に突き刺さった。水底をかきまわし、大ムカデが暴れる。やがて倒れこむと、そのまま動かなくなった。

竜神は喜び、秀郷に鐘と絹、そして米俵を持たせて地上に返した。長く巻かれた絹は、切っても切っても減ることがない。米俵はいくら米をすくっても減ることがない。秀郷はたちまち豊かになり、屋敷に倉が並ぶほどだった。竜神の鐘は大津の三井寺に寄贈すると、すばらしい音を響かせ、人々の評判を呼んだ。

秀郷はこの一件から「俵藤太《たわらとうた》」と呼ばれるようになり、ますますその名が広まったのである。

75 沖縄県——竜宮は首里の城だった？

竜宮の伝説は日本じゅうにあるが、鹿児島県の鬼界島や沖縄本島など、南の島々にも多い。

鬼界島では竜宮はネインヤと発音し、沖縄ではルーグーという。

沖縄では先祖を敬い、親を大切にする風習がある。根間村の伊嘉利《いかり》という青年はとくに親孝行で、父親が死んだあと、墓所に小屋を建てたほどだった。沖縄の墓所は広く、小屋を建てる広さがじゅうぶんにある。伊嘉利はそこに住んで三年間、父親の喪に服していたのだ。

ある晩、伊嘉利は父親が天川崎《あまかーざき》の泉で、生き返っている夢を見た。目が覚めてそこに行ってみると、父はいなかったが、髪の毛が三本落ちているのを見つける。見たこともない美しい髪だったため、伊嘉利は懐にしまった。

帰ろうとすると、いい香りとともに、美しい女性が現われ、「その髪は私のものです」という。あわてて返すと、女性は海のなかに消えていった。

夢を見ているような気分がして、伊嘉利は次の日、再びそこに足を運んだ。すると、昨日の女性がまた現われて伊嘉利に近寄る。

「あなたの親孝行は竜宮にまで知れ渡っています。竜神さまが先祖祭りのやり方を教えるとおっしゃっているので、いっしょにまいりましょう」

伊嘉利は喜んで、そのあとについていった。

海底の竜宮では、さまざまなごちそうが並べられ、竜神じきじきのもてなしを受けた。先祖を祀る祭儀の方法も教えてくれる。

「近ごろの人間たちは、情が薄くなっていけない」

首里城の入り口に立つ竜

そう竜神は嘆いていた。伊嘉利は三日間滞在したあと、地上へと戻った。が、人間の世界ではすでに三年がすぎていた。死んだと思われていた伊嘉利を見て、人々は大喜びをする。伊嘉利も竜神に教えられてきた先祖祭りを人に伝えることができた。

先祖祭は沖縄独自の祭りだが、竜宮城の話は日本と似ている。沖縄の竜や竜宮は、日本と中国、両方の影響を受けた、と考えられている。

逆に日本に伝わる竜宮城は、首里城だったのではないか、という説もある。沖縄はかつては独立した国で、琉球と呼ばれていた。首里城は琉球王国の城だ。船が難破して流された日本人が、当時の琉球国にたどりついた可能性もある。首里城は美しい朱色の建築だし、人々の衣装も色鮮やかなものが多い。当時の日本人の目から見れば、竜宮城に見えてもおかしくはない、という考え方だ。

じっさい、首里城には、竜がいたるところにいる。竜の飾りが屋根や柱、玉座や壁など、さまざまな場所に施されているのだ。まさに竜神の城といっていい。これはおそらく定期的に使節を送ってきていた中国の影響だろう。琉球は中国に税を納め、保護を受けていた時期もある。

そのためか、首里城の竜は、爪が四本しかない。五本爪は中国の皇帝にしか許されないものであったから、琉球では遠慮をしたと考えられるのだ。

竜は沖縄では王のシンボルとして用いられたが、民間にも信仰されていた。竜は海の安全や豊かな実りをもたらすものとして、竜宮神が祀られた。いまでも漁村などに祠が残り、竜宮祭りも行なわれている。

76　埼玉県から千葉県に引っ越した竜神

埼玉県のさいたま市には、昔、見沼《みぬま》と呼ばれる沼があった。見沼には竜神が棲んでいる、と古くから言い伝えられてきたが、江戸時代、このあたりを干拓することが決まった。沼を埋め立てて、農地を作ろうという計画だった。

干拓の指揮を執ったのは、八代将軍吉宗が和歌山から呼び寄せた井沢弥惣兵衛《いさわやそべえ》で、治水土木の専門家だった。

弥惣兵衛は近くの大日堂に寝泊まりすることにして、さっそく工事の準備にとりかかった。と、そんな弥惣兵衛のもとに、ある晩、美しい女性が訪ねてきた。

「私は見沼に棲む竜神です。沼を埋められてしまったら、私は棲むところを失ってしまいます。どうか、九十日間、工事を待ってください。そのあいだに新しい棲み家を探しますから」

そういうと、女性は姿を消してしまった。不思議なできごとに、弥惣兵衛はねぼけて錯覚したのだろう、と思いこみ、そのこと自体を忘れてしまった。

その後、計画どおりに工事に着手したものの、なかなかはかどらない。事故や災難が次々に重なり、けが人も続出する。ひと月もすると、今度は弥惣兵衛自身が身体を悪くし、倒れてしまった。おまけにいっこうに回復せず、いつまでたっても仕事に復帰できない。

そんな枕もとに、竜神だと名乗った女性が、再び現われた。

「先日のお願いを聞いてくださるなら、あなたの病気を治してさしあげましょう」

弥惣兵衛が頷くと、女性は毎晩、同じ時間にやってくるようになった。そして、朝にはいなくなる。弥惣兵衛のぐあいも日ごとによくなってゆく。

不審に思った家来は、ある晩、そっと弥惣兵衛の部屋をのぞき見た。部屋のなかには、大蛇がおり、赤い舌で弥惣兵衛の身体をなめまわしている。家来は腰を抜かし、そのまま廊下で気を失ってしまった。

朝、廊下に倒れていた家来に気がついた弥惣兵衛は、何があったかを聞き出した。大蛇が自分をなめまわしていたとは……。竜神に対して半信半疑だった弥惣兵衛も、さすがに身を震わせた。

すぐに大日堂を引き払って、万年寺に移ることにした。万年寺には竜神の訪れもなく、その後は工事も進んでいった。

竜神もあきらめたかに思われたが、ある日、村人の葬列が万年寺の山門にさしかかったときのことだ。突然、嵐が巻き起こり、棺桶が空に浮かび、そのまま飛んでいってしまったのである。

「これは竜神さまの祟りにちがいない」

村人はそうささやきあって震えた。事実、工事を終えた弥惣兵衛が万年寺を引き払うと、怪奇現象はいっさい起こらなくなったという。

この見沼の竜神はどこへ行ったのか。東京に隣接する埼玉県の川口市では、次のような話が残っている。

空《から》の人力車を引いていると、ひとりの女性が車夫を呼び止めた。

「成田山へお詣りに行くので、千葉まで行ってもらえませんか」

新勝寺のある成田山は、多くの人が参詣に行く場所だ。車夫は喜んでその客を乗せ、千葉へとひた走った。が、途中、印旛沼にさしかかったときだった。突然、車が軽くなったのだ。驚いて振り向くと、さっきまで乗っていた女性がいない。座っていたところはぐっしょりと濡れていて、青臭い匂いもする。車夫は狐につままれたようだった。

埼玉に戻ってその話をすると、誰もが口々にいった。

「そりゃあ、見沼の竜神さまが印旛沼に引っ越したにちげえねえ」

ちょうど見沼の干拓が終わったころのできごとだった。開発とともに、竜神も土地を追われたのである。

第8章　竜神がもたらす幸運の中身とは？

77 日本は竜の形をしている〈竜の国〉

日本は竜神信仰が最も盛んな国だ。中国でも竜の人気は高いが、それは神としての竜ではない。権力と力の象徴、財力の証しとしての竜だ。日本では、そうした俗事と離れた、自然神としての竜神が敬われている。

そもそも日本は竜の国だ、ともいわれる。それは日本列島が竜の形に似ているためだ。北海道から九州までの弓なりになった形は、天に昇ろうとしている竜の姿に見える。四方を海に囲まれていることや、水と縁の農業国であることも、竜神との縁を深めている。

もともと日本の信仰の基本は、自然神崇拝だった。太陽や月、山や木、滝や泉、蛇や狐などを崇め、畏れたのだ。畏れは畏怖であり、人の知恵や力を超えた存在への畏敬の心だった。八百万《やおよろず》の神々、という言葉が示すとおり、すべての自然に対して、神を見出していた。

そのころは、日本にはまだ「竜」という言葉はなく、「大蛇」と表現されていた。そして、その多くは、水を氾濫させたり、人を襲ったりする、恐ろしい存在だった。それは自然の脅威の投影でもあった。大蛇もまた自然神だったのだ。

さらに人間の社会が発展してからは、自然神が人格化してゆく。太陽の神は、天照大神になり、月は月読命《つくよみのみこと》という人の姿が与えられた。他の神々も、皆、人間のような名前が与えられ、人の姿として描かれるようになったのである。日本独自の宗教である神道《しんとう》が形づくられたのだ。

奈良時代になると、そこに仏教思想も加わり、日本の宗教はもっと複雑化した。神道の神と仏尊が融合したのである。神仏習合だ。天照大神は大日如来とされ、大国主命は大黒天となった。

これは大日如来という仏尊が、天照大神という仮の姿で現われた、という考え方だ。仏尊を〈本地〉といい、現われることを〈垂迹《すいじゃく》〉というので〈本地垂迹説〉と呼ばれる。神道の神と仏教の仏尊が同一になったのである。

自然神であった大蛇も、それによって大きく変わった。「竜」という言葉や考え方が入ったために、「大蛇」から「竜神」に位が上がったのだ。仏教でも竜は「竜王」として祀られていたため、神の世界でも仏の世界でも、竜はもはや怪物ではなくなった。

その後、江戸時代にかけて、神道と仏教はますます混在してゆき、神と仏の区別がどんどん薄まってゆく。神道で水の神である市杵島姫《いちきしまひめ》は、仏教の弁財天と一体になった。市杵島姫が祀ってあった祠は、「弁天様」と呼ばれるようになったのだ。しかし、明治になって、神道を重視する傾向が強まり、政府は仏教と神道を切り離す政策に出た。〈神仏分離〉だ。これによって、神社とお寺は別にされ、神と仏尊も別の存在として分けられた。

だが、長いあいだいっしょになっていた神と仏であったから、この分離には混乱が生じた。人々に親しまれてきたほうの名前が残り、市杵島姫はほとんどが弁天様のままだった。また、竜王とされてきたものが、神にもどって〈海神《わだつみ》の神《かみ》〉と呼ばれるようになったりもしている。神社のもともとの神が誰であったのか、この混乱のなかで、わからなくなってしまった例も少なくない。

しかし、千数百年に及ぶこうした融合や混乱を経ても、日本にはやはり神々が残った。社会が豊かになった二十世紀にも、科学が飛躍を続けているこの二十一世紀にも、多くの人が神へ心を寄せている。竜神への関心もよみがえり、信仰も高まっている。そこには、人の心を呼ぶ何かがあるのだ。

78 神奈川県――九頭竜神社は開運のパワースポットか！

第1章で紹介した元箱根の九頭竜神社は、縁結びを願う若い女性の参拝者が、いちばん

九頭竜神社で竜神水を吐き出している竜

多い。が、誰もが単に恋愛の成就や結婚を願っているわけではない。

「夢をかなえるための〝いい縁〟を得たい」

「自分らしく生きられるように、いい人間関係をもちたい」

という人もいる。

また、金運向上を願う、男性女性の経営者や自営業者も多い。単に収入が上がるだけでなく、いい取引先が増えること、社内の安全、発展など、多くの開運を願うのだ。

毎月十三日の例祭では、多くの人々が祈願をし、神前で神官がそれを読みあげる。商売繁盛や家内安全など、多くの願いごとが読まれるなかで、「神恩感謝」という祈願が多いことに気づく。これは神様への感謝を示す祈願だ。幸せを実感して感謝する気持ちや、無事に暮らしていけていることを感謝する気持ち、そして願いごとがかなったことへの感謝を祈願に託す。

「お礼の御参拝にみえる方は多いですよ」そう濱田進宮司はいう。「先日も会社を経営しているという方がみえて、その方は、十年間、仕事上のことで裁判の争いが続いていたそうです。それが、こちらにお参りなさるようになったら、すぐに決着がついたということで、とても喜んでおられましたね」

縁結びと金運だけでなく、運の向上、開運全般を人々は祈願しにくるのだ。「神恩感謝」は、それらの祈願が成就したことの表われだろう。そして、たとえ成就しなくても、感謝する心が芽生えるのではないだろうか。

初めは誰でも、願いごとに突き動かされてやってくる。願いは欲望だ。それをかなえるために神社や湖に頭を下げる。見えない九頭竜や大自然に素直に頭を下げ、手を合わせ、心のうちを明かす。それを繰り返しているうちに、感謝する気持ちや幸せを感じる心が育まれるにちがいない。

じっさい、竜には「霊性」を高める力がある、ともいわれている。魂を清らかにしたり、スピリチュアルなレベルを上げたりする力だ。九頭竜神社に参拝する若い女性のなかにも、「ここに来るといいエネルギーをもらえる」「自分の気も高まる」などという人が少なくない。

芦ノ湖からは北西の方角に富士山が見える。風水では北側の山から〝いい気〟が流れる、といわれている。日本一の霊山である富士山から強い気が流れてくる芦ノ湖は、風水上よい気の集まる地だ。正面に富士をのぞむ堂ヶ島という岬には、かつて明治天皇の別邸が建てられていたが、これも風水を生かしてのことだったと考えられる。芦ノ湖には東にも霊山の駒ヶ岳があり、強い気が集中する。湖に棲む九頭竜も、そのために強い力をもっているのかもしれない。

79 「毒竜」だった九頭竜を「竜神」に変えた萬巻上人

芦ノ湖の九頭竜は、千年以上の昔から、強大な竜として知られていた。しかし、そのころは、毒竜として怖れられていたのである。

天平宝字元年（七五七）、湖畔に立ったひとりの行者は、湖から立ち昇る恐ろしい竜の気を読みとった。毒竜がいるという噂を聞いた萬巻上人《まんがんしょうにん》が、調伏《ちょうぶく》のためにやってきたのだ。

萬巻上人は神道と仏教をともに修め、神仏習合の鹿島神宮寺などを造ってきた実力者だった。山岳修行もしてきたために、山や湖などの気を読むこともできる。悪い気であれば浄化し、よい気であれば自分の力としてとりいれることも可能だ。そんな萬巻上人が、芦ノ湖の竜を感じとったのである。

萬巻上人が元箱根の村人に聞くと、竜は九つの頭をもち、人に危害をくわえ、暴れまわる恐るべき竜だという。危害や恐怖に耐えかねて、村を離れていった人も少なくないという話だ。上人は村人のために、この九頭竜を退治することを心に決め、二十一日間の修練に入った。

湖の東にそびえる山岳信仰の霊山・駒ヶ岳に、上人は最後の三日三晩こもった。山の霊気をとりこみ、湖に降りると、いよいよ九頭竜との対決だ。萬巻上人が真言を唱えると、九頭竜が湖面を揺らした。水しぶきをあげて、その巨大な姿を現わす。真言が響き渡ると、竜も暴れ、のたうちまわる。萬巻上人も、力のすべてをふりしぼった。その霊力が調伏のパワーとなって、九頭竜の頭に落ちる。竜はついに力を失い、湖底へと沈んでいった。

渦巻いていた湖面が静かになると、そこから美しい天女のような姿が現われた。手には宝珠と錫杖《しゃくじょう》、そして水瓶を持っている。九頭竜が化身した神の姿だった。萬巻上人に負けを認め、服従することを誓ったのである。

箱根神社の裏山にある萬巻上人の墓所

萬巻上人はそれから七日間、新たな祈禱に入った。九頭竜を供養し、竜神として祀るための儀式だった。それによって、九頭竜は浄化され、竜神としての力を備えることができたのである。

竜神となった九頭竜を祀るため、萬巻上人は九頭竜神社を建て、山の神をお祀りするための箱根神社も建立した。芦ノ湖ではそれ以来千二百年以上、山の神と湖の神を、祀りつづけているのだ。

芦ノ湖では年に一度七月三十一日に、〈竜神湖水の祭り〉が催される。夕暮れ、箱根神社から三艘の船が出て、湖に〈御供《ごく》〉を捧げにゆくのだ。お供の二艘の船は途中で別れ、宮司が乗るたった一艘が、湖面を進んでゆく。御供物は三升三合三勺の赤飯などで、前夜、宮司がたったひとりで炊きあげる。これらの神事はけっして人に見られてはならないものだ。そして、船にもひとりで乗り、湖の沖合で竜神にお供物を供《そな》えるのだ。

ときには湖面が荒れ、霧が出て方向を見失ったり、船が危険なほどに揺らいだりもするという。が、神事は必ずやり遂げられる。そして、無事に戻ることができるという。

「竜神様のお力ですよ」

そう濱田宮司は語る。九頭竜は、いまも芦ノ湖に棲みつづけているのだ。

80 長野県――戸隠神社の九頭竜は歯の病気を治す！

九頭竜がいるのは芦ノ湖だけではない。十和田湖や白山をはじめ、九頭竜の伝説は少なくない。そのなかのひとつに、戸隠の九頭竜伝説がある。

戸隠山といえば〈天の岩戸〉伝説で有名だ。高天原で洞窟にこもってしまったアマテラスは、その入り口を大きな岩でふさいでいた。そこを開けたとき、岩戸を投げると信州の地に飛んでゆき、落ちたところが戸隠山になった、というものだ。

戸隠山は古くから山岳信仰が盛んで、修験の霊山として知られている。しかし、その岩には別の伝説もある。岩は洞窟をふさいでおり、その奥には九頭竜が封じこめられている、というものだ。

九頭竜を封じたのは、ひとりの行者だった。嘉祥三年（八五〇）、行者は法力に導かれて山の上の岩窟にたどり着いた。そこにこもって法華経を読みはじめて七日、生臭い空気が流れてくるのに気がつく。見ると、九つの頭をもつ竜が目の前にいた。九頭竜は自分の身の上を語った。実は元は僧であったのだが、人々が仏様へと捧げた布施を横領してしまった。その罰が当たり、竜になってしまったのだという。

「しかし、あなたの読経で成仏できるというものです」

そういうと、身を恥じて近くの岩窟にこもってしまう。行者は大岩で入り口をふさぎ、九頭竜を封じこめた。岩戸を隠したため、この山は戸隠山と呼ばれるようになった。

のちに行者が読経した岩窟の前に神社が建てられ、ここが奥宮とされた。九頭竜が隠れた岩窟は、「竜窟」あるいは「竜穴」とも呼ばれ、その前に九頭竜神社が建てられた。この九頭竜は梨の実が好きで、毎晩米三升と梨の実を供えるのが決まりだった。それらは朝になると、なくなっていたという。

戸隠信仰は中世から盛んで、九頭竜神社も霊験あらたかの評判が高かった。とくに歯の病気を治す、という御利益が知られ、歯痛に悩む人が訪れたという。

歯を治したいと願う人は、三年間梨を食べることをやめなければならない。梨断ちだ。そして、三年たって歯が治ったら、梨の実を川へ流す。また、直接、お礼に参拝する人は梨を持っていって神主に託す。神主は岩窟の前に梨を置き、振り返らずに戻る。しばらくすると、岩窟から梨を食べるような音が響き、人々はそれを聞いて恐れおののいた、という話が江戸時代の記録『譚海《たんかい》』に記されている。

戸隠山は近年では、スピリチュアル系の人々に人気がある。強いエネルギーをもつパワースポットといわれているからだ。ただし、強すぎて誰にでも合うわけではない、ともいわれている。

81 石川県――九頭竜に化身した女神の霊験とは?

石川県には、その美しい姿で知られる白山がそびえる。白山は山岳信仰の霊地でもあり、古くから修験者が集《つど》う山でもあった。

この山を最初に開いたのは泰澄《たいちょう》で、山に登ったのは養老元年(七一七)のことだった。このころは火山活動が活発だったという。泰澄三十六歳の年だ。

いろいろな山で修行を積んでいた泰澄は、いつも遠くから白山を眺めて、心惹かれるものを感じていた。

「いつかあの山に登って、人々のために神仏を呼び降ろそう」

そう考えていたのだ。修験道では、山などで神や仏を召喚し、祀る。修験の開祖である役小角《えんのおづぬ》も、蔵王権現《ざおうごんげん》を呼び出したことで知られている。

泰澄は山の中腹にある翠ヶ池《みどりがいけ》に行き、加持祈禱を始めた。この池は火山活動でできた美しい火口池だ。一心不乱に祈りつづけていると、やがて池の水が波打った。水のなかから九頭竜が現われたのだ。

その姿を見て、泰澄は声を荒げた。

「その姿は仮の姿。本当の姿ではない」

すると、九頭竜は美しい天女のような姿に変わった。全身から光あふれる神々しさに、泰澄は感極まった。それは十一面観音だった。

泰澄は白山の頂上に十一面観音と阿弥陀如来、聖観音を祀り、そこは白山三所権現と呼ばれるようになった。権現とは、神仏習合の神と仏を一体とみなしたものだ。九頭竜も本地である十一面観音が化身して現われた（垂迹）、と考えられたのである。十一面観音と九頭竜の関係ははっきりしていないが、頭がいくつもある、ということから関連づけられたとも思われる。

その後、神仏分離によって、白山は神社となり、祭神も白山比咩大神《しらやまひめのおおかみ》となった。この女神は菊理媛《くくりひめ》とも呼ばれる。これら仏や神の名の混乱、由来など、白山は謎の多い神社といわれている。

菊理媛は糸をくくる神様、といわれている。糸を操ることから、織物や裁縫が上達すると伝えられてきた。また、糸を結ぶことから、縁結びの力が強いといわれている。

白山神社は全国に多いが、祭神が異なる場合も少なくない。これも謎のひとつだ。東京都文京区に白山という町があるが、これは氏神の白山神社からつけられた町名だ。ここの白山神社は菊理媛を祀っており、縁結びを願う人々の参拝も多い。

82 青森県――十和田湖で繰り広げられた竜神の戦い

青森県と秋田県の境に位置する十和田湖は、一万年前の噴火が生んだカルデラ（火口）湖だ。歴史が古いだけに、この湖には数多くの伝説がある。そのなかのひとつが、九頭竜と八頭竜の戦いだ。

はじまりは、この地に住んでいた八郎太郎という青年だった。八郎太郎は山で仲間二人と仕事をしていたときに、川で三匹のイワナを捕まえた。イワナは産卵が終わるまで待ってほしい、と訴えるが、八郎太郎はその頼みを無視する。三匹を焼いて仲間を待っていた八郎太郎は、つい一匹のイワナに手を出した。すると、あまりのおいしさに口も手も止まらない。たまらずに三匹全部を食べつくしてしまった。それは食べ物を分け合うという、山の掟を破ることでもあった。

食べ終わると、喉が異様に渇きはじめ、八郎太郎は水を飲みはじめた。いくら飲んでも渇きはおさまらない。川をせき止めて飲みつづけているうちに、水がたまって湖ができるほどだった。それでも身体は水を求めつづける。戻ってきた仲間は、その姿を見て、息を呑んだ。そこにいるのはすでに八郎太郎ではなく、大きな竜だった。その竜が暴れながら水のなかに入ってゆくのを、ただ見送るしかなかったのだ。

長い月日がたったあるとき、ひとりの行者が湖のほとりに立った。南祖坊《なんそのぼう》というその男は、熊野権現のお告げを受けての旅だった。夢に熊野権現が現われ、こういったのだ。

「鉄のわらじを与えるから旅に出よ。鼻緒の切れた場所を永住の地にするがよい」

朝、起きると枕もとに鉄のわらじがあり、南祖坊はさっそく旅に出た。北へと足を向け、十和田湖に着いたときに鼻緒が切れたのだ。

南祖坊は二十一日間の断食と祈願をし、湖に向かった。入水して、湖の主になるつもりだった。冷たく澄んだ水に足を入れたときだ。湖の底からしぶきをあげて、竜が躍り出た。八つの頭を広げ、竜は怒りに燃えていた。それはかつての八郎太郎だった。

「ここの主はわしじゃ。立ち去れ」

身体をくねらせ、南祖坊に襲いかかる。が、南祖坊も熊野権現のお告げを受けた身。引き下がるわけにはいかない。八頭竜に対抗するため、自らを九頭竜の姿に変え、八郎太郎に立ち向かった。

湖面を噴きあげ、水しぶきを竜巻のように昇らせながら、二頭の竜は戦う。血みどろの争いは、湖面を真っ赤に染めるほどだった。南祖坊は、経文を唱え、あらゆる法力を駆使する。死闘は続き、七日七晩に及んだとき、ついに八郎太郎の力が尽きた。負けを認めた八郎太郎は、傷つき力つきはてた姿で、十和田湖から飛び去るしかなかった。

南祖坊は、そのあと湖に入り、竜神となった。「青竜権現」として、村の人々から十和田神社に祀られることになった。十和田神社は東北の各地に建てられ、水と農業の神様として崇敬されている。また、竜神であることから、金運や商売繁盛を願う人も多い。

いっぽう、負けて十和田湖を去った八郎太郎は、いろいろな川や湖を転々としながら、最後に海の近くの湖に落ち着いた。現在、「八郎潟」と呼ばれている干拓湖だ。

83　秋田県——恋に落ちた八郎潟の竜と田沢湖の竜

八郎潟の主となった八郎太郎は、静かに穏やかに暮らしていた。十和田湖を追われて放浪しているときに、水害に苦しむ人々を見て、もう暴れるのはやめよう、と決心をしたからだ。八郎潟は、水深も浅く、荒れることのない湖だった。

そんな八郎太郎に、ある日、近くの湖の話が届いた。その湖には、美しい竜が棲むという。もとは辰子という名の人間の娘だった。

辰子は生まれたときから、かわいらしいと評判だった。黒い髪はつややかで、白く透けるような肌に朱い唇が映える。成長するにつれ、その美しさはますますきわだっていった。辰子自身も、水面に映る自分の姿をうっとりと見つめるほどだった。

不安になるのは年老いた母を見るときだった。若いときには美しいと評判だった母も、年をとるとともにしわが増え、くすんでゆく。辰子は母を見るたびに、恐れを感じるようになっていた。

「どうか、年をとらずにすみますように。このまま美しくいられますように」

辰子は山の神に祈りを捧げた。その祈りは真剣で、百日間、山の祠に願かけにも通った。

すると百日めの晩、白髪の老人が夢のなかに現われた。

「それほど若さを願うのなら、北の山の泉に行って、その水を飲むがよい。そうすれば望みがかなうであろう」

辰子は雪どけを待って、北の山へと分け入った。泉を見つけると、喜んでその水を手ですくう。ああ、これで年をとらずにすむ。そう思いながら、水を飲みつづけた。が、ふと見ると、水に映っているのは自分ではない。そこにいるのはウロコに覆われた身体だった。辰子は竜に変わってしまっていたのだ。

雲が広がり、空は嵐になった。雨が降りしきり、たちまち水がたまる。辰子の前には湖が広がった。竜になった辰子は、その水のなかに身を躍らせるしかなかった。あわててやってきた母に、別れの言葉をいうことすら、できなくなっていたのだ。

湖は「田沢湖」と呼ばれるようになり、辰子はその主《ぬし》となった。年をとらないまま、何百年も生きる竜となったのだ。

そうしたいきさつを聞いて、八郎太郎は空を飛んで田沢湖にやってきた。顔を合わせたふたりは、たがいに惹かれ合い、恋に落ちた。しかし、一年じゅういっしょにいるわけにはいかない。春や夏には、雨を降らせたりする竜神の仕事が忙しい。そこで八郎太郎は、冬になると田沢湖ですごすようになった。冬の田沢湖は、辰子と八郎太郎がともにすごすため、けっして凍ることがないという。

この伝説によって、田沢湖は「縁結びの竜神」が棲む、と伝えられることになった。特別な神社はないが、湖面に手を合わせると、願いが伝わるといわれる。

84 神奈川県——五頭竜と天女の恋が生んだ江ノ島の縁結び

観光地として有名な湘南の江ノ島は、平安時代の昔から、信仰の島として知られていた。とくに江戸時代には「弁財天」と「竜神」の御利益として、金運、商売繁盛、学芸、縁結びなどが有名になった。それらを願う人がぞくぞくと訪れたと、古い記録にも残っている。

弁財天と竜神の信仰が盛んになった背景には、ひとつの伝説があった。それは五頭竜と弁財天の恋物語だ。

はるかな昔、湘南深沢の地には沼があり、そこに五つの頭をもつ五頭竜が棲んでいた。五頭竜は水害を起こしたり、田畑を荒らしたうえ、ついに子供を襲うようになった。人々の恐れは、最初に子供を食べられた場所を〈子死越え〉（いまの腰越）と呼んだほどだった。

五頭竜は「悪竜、毒竜」と呼ばれて、近隣の人々を震えあがらせていた。

そんなある日、海に大きな音がとどろいた。水のなかにひとつの島が浮かび上がったのだ。そしてそこに美しい天女が舞い降りた。天女は人々を救うためにやってきた弁財天だった。

弁財天は光り輝く美しさだった。その姿に、五頭竜は恋に落ちた。

「妻になってほしい」

五頭竜がそういうと、弁財天はぴしゃりとはねつけた。

「そなたのように悪さを重ねる者と結婚などできぬ」

冷たい言葉に、五頭竜は打撃を受けた。そして、自分がしてきたことを、振り返ったのである。村人たちの恐れや苦しみ、子供を失った親の悲しみが、目に映る。五頭竜は、生まれて初めて自分を恥じた。そして、二度と悪いことはせず、人を助けてゆこうと誓ったのである。その姿を見て弁財天は、五頭竜との結婚を受け入れた。

それからの五頭竜は、作物のために雨を降らせ、洪水を鎮め、村人のために力を発揮した。人を助ける竜神となったのだ。

竜神となった五頭竜は、江ノ島の対岸にある龍口《たつのくち》に龍口明《りゅうこうみょう》神社として祀られた。そして、弁財天は江ノ島に祀られ、江ノ島弁財天として、日本全国に名が広まった。その後、明治の神仏分離では、江島神社となり、御祭神は市寸島比売命《いちきしまひめのみこと》などに変わった。弁財天

江島神社の入り口にある弁財天と竜のレリーフ

は神社とは別に、お堂に祀られることになった。だが、竜が海を渡って妻である弁財天に会うために通う、という伝説はそのまま残されている。

この物語から、江島神社は縁結びの御利益で知られるようになった。恋愛の成就を願う若い女性や、結婚を願うカップルが訪れる。島には〈龍《りゅう》恋《れん》の鐘〉という名の鐘もあり、その周囲の柵には、愛がいつまでも続くことを願うカップルが、鍵をつけてゆく。

いっぽう龍口明神社では、六十年に一度、竜神が竜宮を訪ねるための祭りが行なわれる。御輿が弁天橋を通り、江ノ島へと渡ってゆくのだ。この龍口明神社は、千四百年近く、龍口にあり、移転の話もしばしば持ちあがったが、祟りを怖れた村人の強い反対にあい、実現しなかった。

しかし、大正十二年（一九二三）、関東大震災で壊れ、腰越の蟹田谷《がんだがや》（湘南モノレール西鎌倉）に移転することになった。龍口は竜が口を開けたような地形からそう呼ばれたところで、その地を竜の頭とすると、蟹田谷は竜の胴にあたるといわれる。

85 江ノ島の岩窟で竜からウロコをもらった武将の栄華

江ノ島には、別の竜神伝説もある。それは江ノ島の岩窟には竜が棲んでいる、というものだ。江ノ島の東側、太平洋の荒波に面した岸壁には、深く続く岩窟が二つある。そこは竜の棲み家だといわれ、〈竜穴〉と呼ばれてきた。十四世紀から十六世紀にかけての室町時代の文化史を記した『足利治乱記』には、次のような一文がある。

「夜ごと、海が光り、長い身体をした白い竜が海中から現われると、岩穴のなかに飛びこんでゆく。それを多くの人が見たということだ」

そのため、一般の人はこの竜穴には近づかなかった。だが、僧や行者などは、この岩窟にこもって、修行を行なっていた。役小角や空海もこの岩窟にこもって修行をした、と伝

左は北条家の家紋。竜からもらった3枚のウロコを表わし、俗に〈ミツウロコの紋〉と呼ばれる。右は江島神社の紋。やはりミツウロコが使われている

えられ、竜や蛇、弁財天や観音などの石像が、いまも残る。この岩窟で修行をすれば、竜神の力が得られる、とも考えられていたらしい。じっさい、この岩窟で竜からウロコをもらったという武将もいるのだ。

伊豆の豪族であった北条時政は、源頼朝の軍とともに戦うことになった。娘の政子が将来を見込んだ頼朝と結婚したためだ。戦いに勝った頼朝軍は、鎌倉幕府を興す。一一九二年のことだ。時政は鎌倉幕府の要職につき、さらに権力を手にしようと野心に燃えていた。

そんな時政は、願をかけて、江ノ島の岩窟にこもる。一族の栄華と子孫繁栄を願い、三十五日間、祈りつづけたのである。すると、満願の日、目の前にそれは美しい女性が現われた。そして、時政の前世は信心のあつい法

師で、徳を積んだことを教える。

「それゆえ、そなたの子孫は長く日本の主となって、栄華を誇るがよい。だが、道を外れたことをすれば、七代をすぎずに滅びるであろう」

そういうと、女性は長さ六十メートルほどもある竜に姿を変え、海のなかへ消えていった。驚いた時政が竜の去ったあとを見ると、三枚の光るウロコが落ちている。それを拾うと、時政は大事に持ち帰った。三枚の竜のウロコは北条家の家宝とされ、家紋も三枚のウロコをあしらったものとした。時政はその後、出世を重ね、執権の地位にまで昇りつめる。子孫も繁栄して、北条家は七代にとどまらず、栄えていったのである。

江ノ島の岩窟は〈岩屋〉として、入場できるようになり、一五〇メートルほどは人が歩くこともできる。岩穴はその奥にも続いていて、風が吹いてくることから、昔から富士山の風穴につながっている、と伝えられてきた。岩窟の奥には、いまも竜神が祀られている。

86 宮城県——金華山の竜は金運を授ける

牡鹿半島の先端に、金華山という小さな島がある。ここには黄金山神社という古社がある。この島は八世紀に日本でいちばん最初に金がとれた場所、と『日本書紀』にも記されている、まさに黄金の島だった。

祭神は金山毘古神《かなやまひこのかみ》と金山毘売神《かなやまひめのかみ》だが、中世には弁財天も祀られ、いまも弁天堂が残る。

また、もともとは竜神も祀られていたらしく、山頂に残る祠にも竜神をうかがわせるものが残っている。さらに昭和五十八年には、元舟場の海中から「八大竜王」と刻まれた石碑が発見された。このことから再び八大竜王を祀るようになり、竜神祭も復活した。毎年、七月の終わりには、大きな竜が金の珠を追って舞う、金竜の舞いが披露される。

黄金山神社は金運を授ける神社として、広く名の知られた神社だ。とくに三年続けてお参りすると一生お金に困らない、という言い伝えは、いまでもすたれていない。三年どころか十年二十年と続けて参拝している人々もおり、東京や東海地方などから通っている人も少なくない。

だが、金華山は島であるから、船でしか行けない。海が荒れれば当然、渡ることができない。縁がある人しか渡ることできない、ともいわれる。

黄金山神社は金の産地であったことから、財運と結びつけられたことはまちがいない。しかし、島であるから、島にはつきものの弁財天も祀られた。そして、航海を守り、豊漁をもたらす八大竜王も祀られていた。それなのに近代になって、竜神だけが忘れ去られてしまっていたのはなぜだろうか。

それは、おそらく明治以降、人々の関心が金運に集中したためだろう。昭和の終わりになって、八大竜王の石碑が見つかり、竜神の祭りが復活したのも、同様に人々の心が呼んだものにちがいない。金運だけではない何かを、人が求めはじめたのだ。

87 長野県――諏訪大社に隠された竜神の神秘パワー

忘れられた竜神、というケースはほかにもある。

諏訪湖のほとりに立つ諏訪大社は、四つの社をもつ神社だ。南の上社に祀られているのが男神で建御名方神《たけみなかたのかみ》。さらに上社は前宮と本宮に分かれ、前宮には后の女神が鎮座する。下社のほうはその后の女神、八坂刀売神《やさかとめのかみ》の社で、こちらは春宮と秋宮に分かれる。季節によって神の鎮座する宮が変わるためだ。

しかし、これらの神は中世に諏訪氏によって祀られた神だ。諏訪氏がこの地方にやってくる前には、別の神が祀られていた。それはミシャグジ神という名の謎の神だった。ミシャグジ神がどのような神であったのかは、まったくわかっていない。そもそもミシ

諏訪大社にある天流水舎

ヤグジとは何を意味するのか、何語なのかも不明だ。このあたりは渡来人が多く住んでいた、ともいわれているから、朝鮮語か中国語に由来するのではないかとも考えられる。が、該当する言葉はつきとめられていない。

ミシャグジ神に関して推測されるのは、諏訪湖の水神だったのではないか、ということだ。のちにこの地の氏神になった建御名方神も、実は水の神であり、その姿は竜蛇だといわれている。

建御名方神は出雲の大国主命の子だったが、国譲りの戦いで建《たけ》御雷《みかずち》神《のかみ》に負け、追われた経緯をもつ。戦いながら逃げてきたところが諏訪湖で、ここで降伏したために、この地の氏神となった、というのが伝説だ。

諏訪大社の本宮には、天流水舎と呼ばれる

水屋もある。この水屋の天井からは、どんなに晴れている日でも、三滴の水が落ちることから、諏訪の七不思議のひとつに数えられている。旱《ひで》りのときには、ここの水を青竹に入れて持ち帰り、雨乞いをするのが慣わしだった。そうして雨乞いをすれば、必ずといっていいほど雨が降った、といわれている。これは太古からの竜神信仰の名残りにちがいない。

諏訪大社の神徳は、交通安全と健康長寿、そして五穀豊穣や開運だ。五穀豊穣と開運は、竜神の力でもある。若い参拝者の多くは、ここで開運を願うという。

88 栃木県——鬼怒川の竜王峡に棲む五竜王の神秘力

栃木県の日光市にある鬼怒川は、山あいを流れる急流だ。有名な鬼怒川温泉から上流の川治温泉に向かう途中に、竜王峡と呼ばれる峡谷がある。美しい緑と渓流が続き、遊歩道のかたわらにはミズバショウも咲く景勝地だ。だが、誰もが知っている、というほど有名なわけではない。

十年ほど前、そこを訪れたある女性も、そうしたことを知らないひとりだった。自営業を営むその女性Kさんは、鬼怒川温泉に行く計画がまとまり、楽しみにしていた。その前

竜王峡に祀られている五竜王神社

日のことだ。明け方、夢のなかに竜が現われた。鮮やかな金緑の竜で、大きな身体をくねくねとくねらせている。動くたびに、その金緑のウロコが輝くのだ。

「あ、竜だ」

Ｋさんは驚いて目が覚めた。ただそれだけの夢だったのだが、妙にリアルで、不思議な現実感があった。

翌日、予定どおりに鬼怒川に行き、一泊した翌朝は温泉のホテルで目がさめた。さて何をしようかと、ガイドブックを広げると、近くに竜王峡という溪谷があると書いてある。さっそくそこに行ってみることにした。

竜王峡という鉄道の駅で降りると、すぐに溪谷の緑が広がる。遊歩道への入り口はなぜか鳥居だった。そのまま細い道を進んでゆくと、がけを降りて行く道になる。すぐに水の落ちる瀑音が耳に飛びこんできた。〈虹見の滝〉と呼ばれる滝が、水しぶきを散らしながら落ちていた。そして、その滝の前に行くと、小さな祠が建っていた。〈五竜王神社〉だ。由来書きを読むと、五竜王が祀ってあるとのことだった。

その五竜王は、元は近くの高原山の弁天沼に祀られていたものだった。文政八年（一八二五）に、宇都宮の仏師によって彫られた神像で、沼のほとりに祀られたという。

その後、より高い場所にある五十里湖《いかりこ》から水があふれ、一帯が氾濫。五竜王の像も沼から移された。だが、祀る場所が定まらずに、神像は転々とした。ある家の神棚に置いたところ、その家の人が悪夢にうなされたり、よくないことが続くという異変まで起こる。これは元の弁天沼に戻すべきではないか、と村人たちは話し合い、神社で神意をうかがうために祈願をすることになった。すると、五竜王が現われたのである。

「祀るべきところは弁天沼ではない。〈夜鷹遊ばせの滝〉に祀れ」

そう告げて消えたという。昭和四年のことだ。

その滝が現在〈虹見の滝〉と呼ばれている滝だ。滝の前に神社が建てられ、五竜王はそこに落ち着いた。長い時間を経たせいか、五竜王という名前の由来はわからなくなっているが、それ以降、地元の氏神として大切にされている。五竜王を祀ってから、観光業や商業なども発展するようになったという。

竜の夢を見たKさんは、その神社を見て「ああ、夢に現われたのはこの竜神様だったんだ」と、なんの不思議もなく思ったという。手を合わせ、自然に拝んでいた。

それ以来、いい仕事が入るようになり、Kさんはときどき五竜王神社にお参りに行くようになった。参拝には日本酒を備えるのだが、この数年は何本もの日本酒が供えられていることが多いという。五竜王神社の参拝者が増えているということだ。

89 和歌山県——空海が竜王のお告げで開いた温泉郷

日本には竜王池や竜王町など、竜王のつく地名が少なくない。雨乞いでも日本じゅうでその名を呼んでいた。では、竜王とはどのようなものなのか。

日本に広まった竜王は、仏教の守護をするといわれる八大竜王だ。これは八頭の竜王を意味し、仏教の経典『法華経』には、次の八大竜王の名が記されている。

難陀《なんだ》竜王＝インド名はナンダ。最も強い竜王。

跋難陀《ばつなんだ》竜王＝インド名はウパナンダ。難陀の兄弟竜。

和脩吉《わしゆうきち》竜王＝インド名はヴァースキ。九頭竜。
徳叉迦《とくしやか》竜王＝インド名はタクシャカ。九頭竜の仲間。
沙羯羅《しやから》竜王＝インド名はサーガラ。雨乞いの竜。
阿那婆達多《あなばつた》竜王＝インド名はアナヴァタープタ。川の神。
優鉢羅《うはつら》竜王＝インド名はウトパラカ。池の主。
摩那斯《まなし》竜王＝インド名はマナスヴィン。大きなことを意味する。

以上の八竜王とは別に、鳩利迦《くりか》竜王や善女竜王が含まれる文献もある。善女竜王は空海が雨乞いのために、神泉苑で召還した竜王だ。

空海には、竜王にまつわる伝説が多い。高野山（和歌山県）は空海が開いたことで知られる山だが、そこから東にかけて高野竜神国定公園が拡がっている。そのなかに竜神村があり、温泉郷となっている。ここの温泉は、空海が夢で難陀竜王からお告げを受けて開いたといわれている。

また、空海といえば四国の満濃池を造ったことがよく知られる。が、池の畔には空海が祀ったという「竜王神社」があることはあまり知られていない。奇跡的な土木工事といわれた満濃池には、竜王の力が働いていたのかもしれないのだ。

90 奈良県――空海も助けられた、旅行や留学を守る海竜王寺

奈良市法華町には海竜王寺というお寺があり、ここには〈空海竜王〉が祀られている。海竜王寺が創建されたのは、天平三年（七三一）、聖武天皇の后光明皇后の発願によると伝えられる。その当時は「隅寺」と呼ばれていた。名前が変わったのは、玄昉《げんぼう》が初代住職に就いたときだ。

玄昉は養老元年（七一七）、第八代目の遣唐使に選ばれ、唐に渡って仏教を学んだ。経典五千巻余を持って日本に帰ることになったのは、天平六年（七三四）のことだ。が、船で帰路を進む途中、嵐に見舞われる。暴風雨のなか、船は針路を見失い、いまにも難破しそうなくらいに揺れた。玄昉は、経文のなかのひとつ「海竜王経」を一心不乱に唱えつづけた。船はなんとか嵐を切り抜け、種子島に漂着。一行は、命拾いをしたのだ。

その後、都に戻った玄昉は、隅寺を任されることになり、それを機に名前も変えられた。嵐の海で唱えつづけた「海竜王経」から名をとり、海竜王寺と命名したのである。これまでの仏像に加え、竜王も祀るようになった。

やがて延暦二十三年（八〇四）、空海も唐へ渡る機会がやってきた。

出発にあたって、空海はこの海竜王寺を訪れ、旅の無事を祈願したのである。船も小さく航海技術も発達していなかった当時は、海での難破が数知れなかった。無事に唐に渡っても、その地で命を落としたり、引き留められて帰ることができなくなった者もいた。やっと帰路についても、その途中で海難事故に遭うこともまれではない。空海はそれらを無事に切り抜け、仏教を日本に持ち帰れるように、祈願したのである。

空海はわずか二年の滞在で、密教の奥義を極め、帰国することになった。願いどおり、災難にも遭わず、数えきれないほどの仏教の経典を持ち帰ることができたのである。

海竜王寺ではもともと竜王を祀っていたが、空海を守った竜王として、〈空海竜王〉の別名をつけた。それはいまも受け継がれ、〈空海竜王〉と書かれた提灯が祀られている。

玄昉と空海の旅を守ったことから、海竜王寺は旅、とくに海外旅行と留学の安全を守る御利益で知られるようになった。竜王の力は、千二百年の歴史を生きつづけているのだ。

91 徳島県——竜王と不動明王が合体した倶利迦羅《くりから》不動は魔を祓《はら》う

密教では不動明王が重視される。不動明王はすべての根元である大日如来の化身だ。

木彫りの倶利迦羅不動。成田山新勝寺

人々を救うために憤怒の姿をとったもので、明王のなかでも最も強い力をもつものとして尊重される。

不動明王は右手に必ず剣を持っているが、これは魔を退治し、心の業火を祓うためだ。病魔や災難を振り払ってくれるだけでなく、心の闇や弱さも切り捨ててくれる。あるいは切り捨てる強さを与えてくれるのだ。

この不動明王と竜王が一体になった姿がある。それが倶利迦羅不動だ。これは剣に竜がからみついた姿で表わされる。剣は不動明王の持つ剣であり、そのまま不動明王を表わす。そこにからみつく竜王は八大竜王の項（88）で記した鳩利迦《くりか》竜王だ。

倶利迦羅不動は密教寺院でよく見られる。不動堂や修行場に祀られていることが多い。

修行の身を魔から守り、迷いを断ち切らせるためだ。

空海が生まれ、修行をし、八十八カ所の霊場を開いた四国には、倶利迦羅不動を祀る場所も多い。修行の場である滝などにもある。滝の神であった竜が不動明王と一体化するため、より力が増すと考えられたのだろう。

徳島県の那賀郡木沢村は〈滝の王国〉と呼ばれるほど滝の多い地域で、雨乞いの行なわれた滝や水行《みずぎょう》が行なわれた滝も少なくない。そのなかのひとつ〈飛太《ひいた》の滝〉は、修行の場として、昔から大切にされてきた滝だ。滝の横の岩穴には、いまも倶利迦羅不動が祀られている。

密教の僧や修験の行者は、滝に打たれる水行のはじめと終わりに、倶利迦羅不動に祈願をする。心身を清め、行がうまくいくように、そして竜王と不動明王の力を我が身にとりこめるように、祈るのだ。

倶利迦羅不動は魔除けや浄化だけでなく、開運や運気向上の御利益をもつともいわれている。不動明王と竜王が合体していることから、双方の力が重なり、より強くなっていると考えられるからだ。近年では、倶利迦羅不動の像が、一般にも販売されるようになった。倶利迦羅不動を信仰する人が、密かに増えているといわれている。

第9章　竜は〈自然の気〉として、この世に存在している

92 〈臥竜〉と号した諸葛孔明が竜神に施した奇策とは？

古代の人々は、自然のなかに神が宿っていると信じていた。中国でも、川には竜神が棲むといわれていた。竜神が暴れれば川が氾濫し、洪水になると考えられていたのだ。そのため、竜神が暴れないように、川に供え物をする村などもあった。

ある村では、竜神への供物《くもつ》として、人間が生け贄にされていた。選ばれた人間が、生きたまま川に投げ入れられるのだ。生け贄の効果があったのかどうかは定かではない。しかし、効果があろうとなかろうと、一度慣習となってしまうと、それは止まらない。なんとかしなければ、と、やめさせたのは、ひとりの人物だった。諸葛孔明だ。

孔明は考えたあげく、ひとつの策を考えた。人間のかわりに、人の頭をしたまんじゅうを供物にすることだ。生きた人でなくても、まんじゅうなら竜神が食べることができるし、数もいくらでも作れる。孔明は村人を説得し、生け贄のかわりにまんじゅうを捧げることに成功した。目鼻や口もつけて、人間そっくりのまんじゅうを作ったという。そのあとは、顔のない普通のまんじゅうになっていったが、〈孔明まんじゅう〉と呼ばれ、人々に語り継がれていった。

諸葛孔明は、『三国志』で活躍する劉備軍の軍師だが、もともと戦いは好きではなく、平和を求める政治家だった。時代の流れに巻きこまれて戦《いくさ》を重ねたが、人を殺すことや庶民を苦しめることは、最も嫌っていたようだ。高い地位にいたときから最低限の財産しか持たないことを明言していたが、死後、遺産を調べると、本当に何もなかったという。墓も遺言によって小さなものしか作られなかった。

この孔明は、劉備によって軍師として世に出されるまで、自給自足の隠者のような生活を送っていた。理想が高く、欲もなかったためだ。が、その才能や人柄は知られ、〈臥竜《がりょう》〉と呼ばれていた。眠っている竜という意味だ。天才でありながら、まだ活躍の場をもたない人物をいう。

〈臥竜〉孔明は、〈三顧《さんこ》の礼〉によって劉備に迎えられ、その後、目覚めた竜となって活躍した。

93　「竜」という言葉は不思議なパワーを秘めている

臥竜に見るように、中国では「竜」のつく単語や熟語が多い。臥竜と似た言葉に「竜は一寸にして昇天の気あり」というものがある。才能のある人物は、小さなころからふつうとはちがう輝きをもつ、という意味だ。

「竜に翼を得たるごとし」は、すぐれた人間がさらに強い力をもつ、という意味。「鬼に金棒」と同義だ。「竜の雲を得るごとし」は、力のある人間がチャンスや勢いを得て、ますます伸びるようす。「竜虎相撃つ」は、力の強い者どうしが戦うことを表わす。竜は強い者、天才、英雄の象徴だ。

「竜のひげをアリがねらう」とは、強い竜のひげをちっぽけなアリがとろうすること。強い相手に対して、力の差をわきまえず、弱い者が向かってゆくようすを示した言葉だ。これと似た意味で、「竜のひげをなでる」というものもある。怖いもの知らず、無鉄砲な人をいう。

また、竜といえども、無敵ではない。「竜馬のつまずき」とは、たとえすぐれた人でも、失敗することがある、というたとえだ。それに、登りきった竜（亢竜）はいつか落ちる。「亢竜悔いあり」は、力を得て登りつめた人をいましめる言葉だ。物事には必ず終わりがあり、得たものはいつか失う。それを理解せずに得意になっていると、後悔することになる、と諭《さと》す。うまくいっているときには進むばかりで、退くことをしない。そんなふうに生きていると、周囲から足を引っ張られもする。そして、失墜する。天にも昇るようだった経営者が失脚したり逮捕されたりすると、必ずこの言葉が出る。

竜という言葉は、最強の力を示すものだ。人の名前や店の名前、グループ名などに竜を使うのは、その最強の力をとりいれるためでもある。言葉にも力がある、と昔から考えられてきたためだ。

ちなみに、竜にはもうひとつ「龍」の文字がある。意味はまったく同じだ。一と壱のようなもので、どちらが正しい、ということはない。傾向として「竜」は西洋の竜、「龍」は東洋の龍を表わすときに使われることが多かった。だが、いまではその傾向もない。むしろ時代の流行のようなものだ。

かつて司馬遼太郎が坂本竜馬を主人公にした小説を書いたときには、『竜馬がゆく』として、竜の字が使われた。以前は坂本竜馬と書かれることが多かったが、いまでは龍馬と書かれる傾向にある。

文字づかいの背景には、マスコミの慣習も影響している。活字の世界では、文字を統一する、という習慣があり、ひとつの雑誌、本ごとに表記が決められる。竜と決めたらその本のなかではすべてが竜と書かれ、龍であればそれで統一されるのだ。時代によってどちらを使うかが決められてしまうこともある。本書も基本は竜の字を使っているが、あえて画一的な統一はせずに、名詞など、部分的には龍も使用した。

文字の誕生としては、竜のほうが古い、という説もある。しっぽのある竜の姿を表わす象形文字として考えると、それもうなずける。龍の文字は、より力強さを示すために作られたのかもしれない。

文字や言葉には力がある、と古代から人は信じてきた。呪文《じゅもん》とはまさに言葉の力を駆使したものだ。お札《ふだ》なども文字の力を活用している。日本でも〈言霊《ことだま》〉という表現で、言葉のもつ力を伝えてきた。神主があげる祝詞《のりと》は言霊そのままであるし、僧の唱える真言《しんごん》も、陰陽師の祭文《さいもん》もそうだ。言葉の力によって、神や竜につながろうとするのである。

94 竜神を使役した陰陽師・安倍晴明の不思議力

日本の中世には、呪《しゅ》や祭文を唱えて力を発揮する「陰陽師」が活躍した。呪と祭文は、祝詞や真言とは別の、陰陽道独特の呪文だ。

陰陽師は天文や暦を見るだけでなく、鬼や式神《しきがみ》も使役する。ときとして、神も召喚する。それらの超常的な力を使うときには、呪文という言葉の力を駆使したのである。平安時代の有名な陰陽師・安倍晴明は、その不思議な力の強さでよく知られていた。

晴明は空海と同じように、雨乞いの祈禱を行なったことが記録に残されている。長保六年（一〇〇四）、平安の都は雨不足が続いていた。田植えが終わって七月になったのに、雨があまり降らない。この時期に水が不足すれば、稲は育たず、田の農作物も枯れてしまう。飢饉に陥ることはまぬがれない。

朝廷は晴明に雨乞いの祈禱《きとう》を命じた。晴明は祭壇を築き、「五竜祭」と呼ばれる雨乞いを行なうことになった。竜神への祈禱だ。

この五竜祭のことは、藤原道長の日記『御堂関白記《みどうかんぱくき》』に記されているものだ。日記によれば、晴明が五竜祭を行なったその夜、大雨が降ったという。

95 はたして、竜は実在したのか？

雨乞いに反応したのは、竜だったのだろうか。竜は本当に雨を降らせる力をもっていたのだろうか。そもそも、竜は実在したのだろうか。

古代の伝説に多い大蛇は現実に存在したと考えられる。大蛇の話は世界じゅうにあり、とくに蛇が巨大化する熱帯地方や温帯地方に多い。それらが怪物とみなされ、竜に変化したとしても不思議はない。

また、ワニや大トカゲなど、実在の生き物が「竜」と呼ばれたという説もある。恐竜の生き残りがいた可能性も否定しきれない。

さらに中国では、竜を飼育した話がいくつも残されている。死体を見たという目撃談や肉を食べたという話まである。しかし、それらが本当に竜であったのかどうか、はっきりとはしない。骨やウロコなどの遺物は見つかっていないからだ。

日本でも、竜のウロコをもらった、という北条時政の話があった。ウロコをもらったという伝説は、ほかにも伝わっている。しかし、そうしたウロコも長い歴史のなかのどこかで失われてしまい、現在、残されているものはない。

竜が実体として存在していたのかどうか、それは大きな謎のままだ。実在した、という証明はない。が、存在しなかったという証明もまた、されていないのだ。

96 竜神は、自然の〈気〉の最強のエネルギー体

古代から人類は、自然を神として崇めた。それは自然を単に怖れたからではない。そこ

に人間の認識を超えた計り知れない力を認めたからだ。山には山の力があり、海には海のエネルギーがある。川にも岩にも土地にも、生命力のような力があると感じていた。それが〈気〉と呼ばれるものだ。

気は、すべてものにある、と中国ではいわれてきた。生きている有機体だけでなく、空間や水にも気はめぐっている。その考え方は、日本人にも受けいれられた。日本ではもともと自然のあらゆるものに神を見出し、八百万の神々を生み出していた。すべてに気がある、という考え方と共通する。

元気や精気、勇気や活気など、人にもいろいろな気があるが、よい気ばかりではない。邪気や殺気などの悪い気もある。気といっても、暗い気や弱い気、明るい気や高潔な気など、さまざまだ。それは自然の気にもいえる。気のなかでとくに強く、よい気を、人は神とみなしたのである。気は「エネルギー体」と言い換えることもできる。

さらに神とみなした気にも、それぞれ性質がある。中国では気の性質を五つに分け、火、水、風、木、土に分類した。高いレベルの気にもそうした性質があり、それが神の性格になる。火の神や水の神、農業の神や風の神などがそこから生まれたのだ。日本でも、かまど（火）の神である荒神様がよく知られている。

そうした自然神のなかで、最も強いとされたのが、竜神だった。竜神は火や雲、雷を操る力をもち、水を支配する。そのなかで最も影響力が大きいのが、水だと考えられた。竜神は空にも水のなかにも棲み、自由に行き来をすると考えられたからだ。竜神は自然の気の、最強のエネルギー体とみなされたのである。

97 いまもいる〈竜神と通じることのできる人々〉

安倍晴明が神と交信したり呼び出したりしたのはただの伝説、といまでは多くの人が思っている。しかし、そうした神秘力をもつ人は実在する、と主張する人も少なくない。歌手の美輪明宏さんは霊能力をもつことでも知られている。テレビ番組などでも、人の前世や守護霊などを見て、言い当てている。

その美輪さんが、瀬戸内寂聴さんが住職を務めていた天台寺で講話をしたときのこと。突然、大雨が降りだしたため、美輪さんは「えーい！」と天に向かって気合いを入れた。すると、雨がスパッとやんだ。人々は拍手喝采。が、美輪さんはすぐに、それをやめた。「竜神さまが何か用事があるために降らせた雨だ」とひらめいたためだ。「ごめんなさい」と謝ると、再び雨が降りだしたという。

講話が終わったあと、竜神について瞑想していると、天台寺の竜神であることがわかった。ふたつある泉のひとつがふさがれていて、竜神の息ができなくなっている、という霊的メッセージが届く。しかも、昔はちゃんと祀られていたのに、いまでは忘れられているので、また祀りなおすように、という。美輪さんがそれを告げたとき、ちょうど人が飛びこんでくる。ふさいでいた泉から水があふれ出ている、というのだ。

美輪さんと寂聴さんが見に行くと、井戸のような泉がコンクリートでふさがれていた。調べると、「清水竜神」と書かれた祠も見つかった、という。これは美輪さんが著書『霊ナァンテコワクナイヨー』（PARCO出版）で書いていることだ。

美輪さんほどでなくとも、雨や雲を操れる人は、現代にもいる。修験の行者や密教の僧などには、それほど珍しくない。以前、ある人がこう語った。

「僕のお祖父さんは修験の行をやっていたんですが、雲を集めたり散らしたりできたんです。子供のころ、よく見せてもらいました。天に向かって何か唱えると、本当に雲が湧くし、逆に雲が切れたり、なくなったりしたんです」

その人は医師だったが、

「だから僕は科学を超えた神秘的なことを疑ったりしません」

と、ゆるぎなくいった。

98 竜神は〈輝くエネルギー体〉として空を飛ぶ

神秘的な力をもつ人や、いわゆる霊能者と呼ばれる人々は、自然神を見たり感じたりすることができるという。彼らによれば、竜神は「長い発光体」だという。輝く長い光が、空を飛んだり、山や湖から天へ昇ってゆくのが見えるそうだ。

日本には、竜神が棲むという山や川、湖や海などが数えきれないほどある。奈良県の三輪山には、山をご神体とした大神神社がある。三輪山の神は古代から蛇だといわれてきたが、神秘力をもつ人は、それを竜神だという。蛇が神格化した竜神が、三輪山の山頂から、空へ昇ってゆくのがわかるという。

竜は欧米では悪魔や怪物として伝えられてきた。さらに近代では、伝説やファンタジーの世界でしか語られることはない。中東地域でも、イスラム教が偶像崇拝を禁じたため、生き物の姿が描かれることはなくなった。竜ももはや絵ですら存在しない。

竜の伝説が最も多い中国も、共産主義社会になり、宗教を禁じられたことで、大きく変わった。神仏の像は破壊され、竜もその犠牲になった。科学を重んじる思想から、神秘的なことがらはことごとく否定されたのだ。二十世紀後半になって、宗教が再び認められるようになったが、人々の意識は以前とは変化していた。神秘的な存在を信じる人は減り、竜も想像の産物として扱われるようになったのだ。

現代の世界で、竜の存在を自然に受けとめているのは、おそらく日本がいちばんだろう。自然に神を見出す八百万の思想はいまだに健在だし、むしろ、近年になってますます高まっている。競争社会に疑問を感じ、自然や心、魂に目を向ける人が増えたためだ。スピリチュアルな世界を受け入れている人は、竜神の存在も疑わない。近年、竜神信仰が高まっているのも、その流れの一部だろう。

竜神を信じる人々は、その心のなかにも竜を棲まわせている。日本は、最も多くの竜が棲む国だといえるだろう。

99　人と竜、人の〈気〉と自然の〈気〉はつながっている

竜神を怒らせると災害が起こる、と昔からいわれてきた。それは単なる〈祟《たた》り〉としてとらえられてきた。だが、その背景はもっと深い。

人はそれぞれ〈気〉をもっている。その気は、心のあり方で変わる。勝つことばかりを

考え、欲望に走り、自分のことしか考えない心は、邪気を発する。多くの人が邪気ばかりを発していると、それが周囲の気も乱す。人を取り囲む自然の気まで乱してしまう。

自然の気が乱れると、本来の均衡やバランスが崩れる。竜神などの自然神も、もっていた力を奪われしてまう。安定を失い、自然の均衡を失ってしまうのだ。

二十世紀の後半から、地球規模で災害が続いている。神秘力をもつ人々は、これは人の心が原因だと指摘する。

「感謝や思いやりをもたない心が増えて、自然のバランスも乱れているのです」

ある霊能者は、そういう。被害を受けた人々が悪い、というのではない。心の問題は地球全体で起きている。そのひずみが、あちこちで噴き出しているというのだ。

人も自然の一部であり、大きな気の一部だ。それは見えないエネルギーの〈場〉を作り出す。ひとりひとりがエネルギー場をもっているし、おおぜいが集まれば、それは巨大なエネルギーになる。人がよくないエネルギーを出せば、大きな場が乱れるのだ。それは地球全体に影響を及ぼす。

人と竜は別々の存在ではない。人の気と自然の気はつながっている。人は自然に影響を与え、自然は人を生かす。たがいの気やエネルギーが、常に影響しあって、命の場を作りあげている。人と竜は、見えない高いところで、いつもつながっているのだ。

【主な参考文献】

『ゲド戦記』アーシュラ=ル=グウィン／清水真砂子訳／岩波書店
『竜神物語』濱田進著／日正社
『聖書』日本聖書協会
『The Message of the Engraved Stones of Ica』Javier Cabrera Darqea
『A Guide to Ancient Mexican Ruins』C Bruce Hunter/Oklahoma
『The Anciento Civilization of Peru』 J・Alden Mason/A Penguin Book
『Essentials of Indian Philosophy』M・Hiriyanna
『竜の百科』池上正治著／新潮選書
『竜の文明史』安田喜憲著編／八坂書房
『竜の起源』荒川紘著／紀伊國屋書店
『竜のファンタジー』カール・シューカー著／別宮貞徳訳／東洋書林
『神話伝説辞典』東京堂出版
『ドラゴン』久保田悠羅とF・E・A・R著／新紀元社
『世界の竜の話』竹原威滋・丸山顯徳編／三弥書店
『山海経』『法華経』
『山と里の信仰史』宮田登著／吉川弘文館
『動物信仰事典』芦田正次郎著／北辰堂
『竜の伝説』水野拓著／光栄
『世界の神話伝説』吉田敦彦・他著／自由国民社
『幻想動物博物館』草野巧著／新紀元社
『動物故事物語』實吉達郎著／河出書房新社
『人と動物の愛と結婚』後藤優／原書房
『富山の伝説』辺見じゅん・大島広志著／角川書店
『秋田の伝説』野添憲治・野口達二著／角川書店
『日本伝説大系』宮田登編／みずうみ書房
『ふるさとの伝説』伊藤清司監修／ぎょうせい
『沖縄怪奇伝説のナゾ』比嘉朝進著／球陽出版
『神になった人びと』小松和彦著／淡交社
『ブルターニュ幻想集－フランス民話』植田祐次・山内淳訳編／社会思想社
『恐龍はなぜ滅んだか』平野弘道著／講談社現代新書
『はてしない物語』ミヒャエル・エンデ著／上田真而子・佐藤真理子訳／岩波書店
「ミヒャエル・エンデ館」http://www.fsinet.or.jp/~necoco/ende.htm
『ナルニア国ものがたり』CSルイス著／瀬田貞二訳／岩波書店
『指輪物語』J・R・R・トールキン著／瀬田貞二訳／岩波書店
『幻の動物とその生息地』J・K・ローリング著／松岡佑子訳／青山社
『ハリーポッター』J・K・ローリング著／松岡佑子訳／青山社
『民族民芸双書・雨の神』高谷重夫著／岩崎美術社
『アジアの竜蛇』アジア民族造形文化研究所編／雄山閣
『霊ナァンテコワクナイヨー』美輪明宏著／PARCO出版
『新・日本伝説100選』村松定孝著／秋田書店

二見文庫

竜《りゅう》の神秘力《しんぴりょく》99の謎《なぞ》

著者　福知《ふくち》　怜《れい》

発行所　株式会社　二見書房
東京都千代田区神田神保町1-5-10
電話　03(3219)2311［営業］
03(3219)2315［編集］
振替　00170-4-2639

印刷　株式会社　堀内印刷所
製本　村上製本

ISBN4-576-06159-3
http://www.futami.co.jp/